Angela Mackert

Neue Legesysteme
100 neue Legesysteme für Orakelkarten aller Art

Bibliografische Information der Deutschen Nationalbibliothek: Die Deutsche Nationalbibliothek verzeichnet diese Publikation in der Deutschen Nationalbibliografie; detaillierte bibliografische Daten sind im Internet über http://dnb.d-nb.de abrufbar.

Impressum

Titel: Neue Legesysteme: 100 neue Legesysteme für Orakelkarten aller Art
Copyright © 2010 by Angela Mackert
2. Auflage 2017
Alle Rechte vorbehalten. Nachdruck von Legemustern und Texten – auch auszugsweise – nur mit schriftlicher Genehmigung der Autorin.
Umschlaggestaltung: Angela Mackert
Herstellung und Verlag: BoD — Books on Demand, Norderstedt
ISBN der Printausgabe: 978-3-8423-2674-3
Auch als eBook erhältlich.

Sie finden die Autorin im Internet unter: *www.astrologie-kunststudio.de* sowie unter *www.angela-mackert.de*

Beachten Sie auch bitte:
https://business.facebook.com/autorin.angela.mackert

Inhalt

Vorwort

Jeder, der sich oder anderen die Karten legt, braucht neben seinem bevorzugten Deck ein System, nach dem die Karten ausgelegt werden. Oft wird man dafür auf eines der bewährten, traditionellen Legemuster zurückgreifen, wie beispielsweise das *Keltische Kreuz* oder die *Siebenerreihe*. Daneben ist es aber auch immer interessant, neue Methoden der Kartenauslage auszuprobieren. Das bringt oft noch erweiterte Einsichten in ein Thema, oder ergänzt die Deutung durch einen anderen Blickwinkel.

Dieses Buch enthält eine Sammlung von Legesystemen, die von der Autorin Angela Mackert entwickelt und beim Unterricht in ihrer Kartenlege-Schule getestet wurden. Für nahezu jedes Fragethema ist etwas dabei. Wenn Sie sich nach den beschriebenen Methoden die Karten legen, beachten Sie bitte folgendes: Lesen Sie vor dem Mischen die Bedeutung der Plätze durch, damit sich ihr Unterbewusstsein darauf einstellen kann. Bei den Legesystemen, die laut Beschreibung auch ohne konkrete Fragestellung funktionieren, können Sie dann gleich loslegen. Bei allen anderen formulieren Sie danach ihr Anliegen. Achten Sie dabei auf offene Fragestellungen. Die Karten antworten in Bildern. Fragen, die nur mit Ja oder Nein beantwortet werden können, bergen deshalb die Gefahr einer Fehlinterpretation. Wenn ihr Fragethema sehr komplex ist, kann es auch sinnvoll sein, vor dem Kartenlegen einfach nur an die Situation zu denken.

Allgemeine Hinweise

Die Legesysteme in diesem Buch sind für Tarotkarten, als auch für alle anderen Orakelkarten geeignet. Es gibt jedoch Unterschiede in der Handhabung.

Beim Tarot wird jede Karte einzeln im Zusammenhang mit dem vorgegebenen Platz gedeutet. Wenn Sie sich beispielsweise für das Legesystem *Aufstieg* entschieden haben (S.11), sind das diese Plätze:

1) Auf dieser Basis stehe ich, 2) Das lohnt sich für mich, 3) Davon soll ich die Finger lassen, und *4) Das wird sich entwickeln (wenn ich 2+3 beherzige).*

Wenn die vier Tarotkarten, die auf diesen Plätzen liegen, gedeutet sind, können Sie zum Schluss die Quintessenz ziehen. Dafür werden alle Karten, die Zahlen tragen, addiert. Falls die so errechnete Zahl über 22 liegt, muss noch die Quersumme ermittelt werden. Dies deshalb, weil die Quintessenz immer auf eine der Karten aus den zweiundzwanzig großen Arkanen hinweist. Der Narr zählt beim Addieren der gelegten Karten nicht Null (wie bezeichnet), sondern als zweiundzwanzigste Karte der großen Arkanen, als Zahl 22. Die so ermittelte Quintessenz gibt einen zusätzlichen, übergeordneten Hinweis auf das Fragethema.

Beispiel:
Beim Legesystem *Aufstieg* (S.11) haben Sie die Karten Narr (22), Fünf der Stäbe (5), Sieben der Münzen (7) und Bube der Münzen (trägt keine Zahl), gezogen. Addiert ergibt das 34. Die Zahl ist größer als 22. Deshalb wird aus der Zahl 34 die Quersumme gebildet, 3 + 4, das ist 7. Die siebte Karte der großen Arkanen ist der *Wagen*. In der Kartenlegung deutet er darauf hin, dass es bei der Fragestellung grundsätzlich darum geht, jetzt aufzubrechen und vorwärts zu gehen.

Bei 36-er Kartendecks, wie den Lenormandkarten, den Kipperkarten, den Zigeuner-Wahrsagekarten und weiteren, wird wie beim Tarot zuerst die einzelne Karte auf ihrem speziellen Platz gedeutet. Anstelle der Quintessenz wird danach jedoch für weitere Hinweise die Kombinationsdeutung herangezogen.

Beispiel:
Beim Legesystem *Aufstieg* (S.11) werden zum Schluss alle Karten von links nach rechts im Zusammenhang gelesen, um den Verlauf der Angelegenheit zu sehen.

Beim Legesystem *Wunschtreppe* (S.13) steht dagegen unterhalb der Einzelkartendeutung der Hinweis: *1-2-5 = Was jetzt in Fluss kommt.* Das bedeutet, dass die Karten auf den Plätzen 1, 2 und 5 zusätzlich im Zusammenhang gelesen werden. Diese Kombinationsdeutung zeigt, welche Themen und Ereignisse im Hinblick auf die persönliche Fragestellung in Bewegung kommen. Die zweite Kartenkombination besteht bei diesem Legesystem aus: *3-4-6-7 = Zukünftige Entwicklung.* Die Karten auf den Plätzen 3, 4, 6 und 7 zeigen also, im Zusammenhang gelesen, die zukünftige Entwicklung des Themas.

Entwicklungszeit eines Themas

Die Zeit, welche für die Entwicklung der Themen einer Legung angenommen werden kann, beträgt erfahrungsgemäß sechs bis acht Wochen. Bei der Benutzung der Zigeuner-Wahrsagekarten kann eine zusätzliche Karte für die Zeitangabe gelegt werden, die dann unter Umständen auch einen längeren Zeitraum anzeigen kann.

Noch ein Wort zu den tendenziell negativen Karten, die es in jedem Deck gibt. Sie weisen nicht nur auf Enttäuschungen oder Schwierigkeiten hin. Selbst die dunkelste Karte hat eine lichte Seite. Auf Plätzen, die positive Energien andeuten, zeigen sie, dass man mit diesen Themen bereits gut umgehen kann oder dass die Auseinandersetzung damit positive Auswirkungen haben wird. In diesen Fällen ist die Suche nach den hellen Seiten einer Negativkarte besonders wichtig.

Jetzt kann es aber endlich losgehen. Hundert Legesysteme warten auf den folgenden Seiten darauf, von Ihnen ausprobiert zu werden. Viel Freude damit und reiche Erkenntnisse.

Legesysteme für alle Gelegenheiten

Wissen und Erfahrung

Alles Wissen ist im Universum gespeichert.
Alle Erfahrung schaffst du dir selbst

Stein für Stein

Ein Legesystem, wenn man in bestimmten Angelegenheiten vorwärts kommen will.

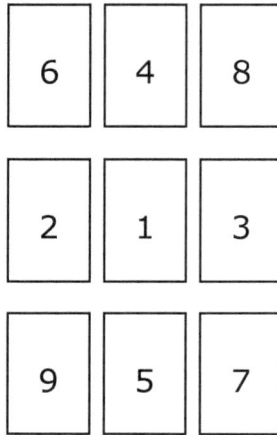

6	4	8
2	1	3
9	5	7

Die Bedeutung der Plätze:

1) Du baust dir ein Haus. Das Fundament steht schon: Darauf kannst du aufbauen

2) Du nimmst Steine und mauerst die Wände hoch: das sollst du jetzt tun

3) Der Mörtel reicht nicht: das brauchst du noch, um weiter zu kommen

4) Du suchst Hilfe, um die Decke einzuziehen: Diese Unterstützung ist dir sicher

5) Anschlüsse und elektrische Leitungen werden gelegt: Diese äußeren Einflüsse wirken auf dein Projekt, fördern oder behindern es

6) Du baust Fenster und Türen ein: Das ist dein Ausblick in die Zukunft

7) Das Dach ist fertig, du feierst Richtfest: Das erreichst du als Nächstes
8) Du kümmerst dich um den Innenausbau: Diese Details sind für den Fortschritt deiner Angelegenheit wichtig
9) Du nimmst den Schlüssel und ziehst ein: Das ist dein Ergebnis

Bei Benutzung der Tarotkarten anschließend die Quintessenz ziehen (siehe S. 4).

Zusatzdeutung bei 36-er Kartendecks wie Kipper, Lenormand oder Zigeuner-Wahrsagekarten:

6-4-8 = Die derzeitige Tendenz
2-1-3 = Das ist notwendig
9-5-7 = Was als nächstes kommt
6-2-9 = Wohin es führt
4-1-5 = Äußere Einflüsse
8-3-7 = So kommst du weiter
6-1-7 = Chancen für dich
8-1-9 = Ergebnis

Die Probe

Ein Legesystem, um Blockaden zu hinterfragen.

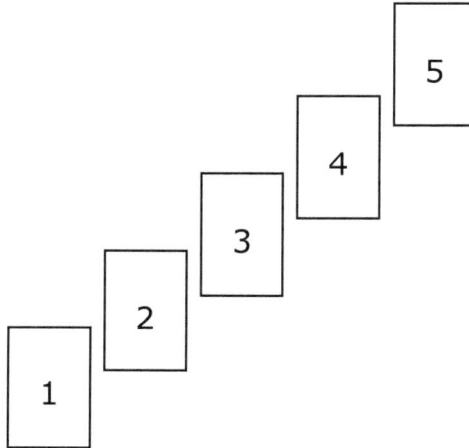

Die Bedeutung der Plätze:

1) Darum geht es
2) Das ist die Ursache meiner Blockade
3) Das soll ich daraus lernen
4) Das geschieht, damit ich mich weiter entwickle
5) Diesen Nutzen bringt es mir

Bei Benutzung der Tarotkarten anschließend die Quintessenz ziehen (siehe S. 4).

Zusatzdeutung bei 36-er Kartendecks wie Kipper, Lenormand oder Zigeuner-Wahrsagekarten:

Die Karten von 1-5 zusammenhängend lesen, um die Entwicklung der Angelegenheit zu sehen.

Universal-Legesystem für alle Fragen.

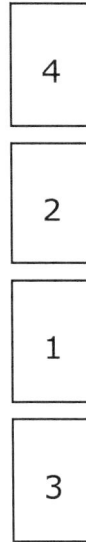

```
        ┌─────┐
        │     │
        │  4  │
        │     │
        └─────┘
        ┌─────┐
        │     │
        │  2  │
        │     │
        └─────┘
        ┌─────┐
        │     │
        │  1  │
        │     │
        └─────┘
        ┌─────┐
        │     │
        │  3  │
        │     │
        └─────┘
```

Die Bedeutung der Plätze:
1) Auf dieser Basis stehe ich
2) Das lohnt sich für mich
3) Davon soll ich die Finger lassen
4) Das wird sich entwickeln (wenn ich 2+3 beherzige)

Bei Benutzung der Tarotkarten anschließend die Quintessenz ziehen (siehe S. 4).

Zusatzdeutung bei 36-er Kartendecks wie Kipper, Lenormand oder Zigeuner-Wahrsagekarten:

Alle Karten von oben nach unten lesen, um den Verlauf der Angelegenheit zu sehen.

Hotline

Ein Legesystem, das zeigt, was beachtet werden muss, um ein Problem zu lösen und auf welche Entwicklung des Themas man sich derzeit einstellen soll.

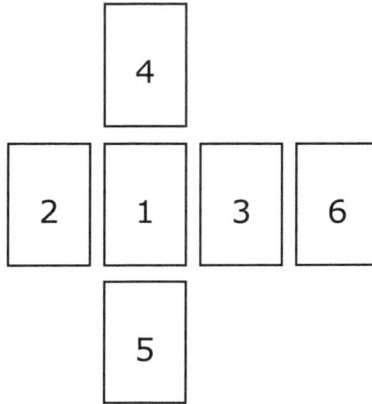

```
            ┌─────┐
            │     │
            │  4  │
            │     │
┌─────┐┌─────┐┌─────┐┌─────┐
│     ││     ││     ││     │
│  2  ││  1  ││  3  ││  6  │
│     ││     ││     ││     │
└─────┘└─────┘└─────┘└─────┘
            ┌─────┐
            │     │
            │  5  │
            │     │
            └─────┘
```

Die Bedeutung der Plätze:
1) Das ist mein Problem
2) Das ist die Ursache
3) Dieses will ich erreichen
4) Das wird mir angeboten
5) Damit soll ich mich zufrieden geben
6) Diese Lösung kommt überraschend

Bei Benutzung der Tarotkarten anschließend die Quintessenz ziehen (siehe S. 4).

Zusatzdeutung bei 36-er Kartendecks wie Kipper, Lenormand oder Zigeuner-Wahrsagekarten:
4-1-5 = Was aufgrund äußerer Einflüsse jetzt aktuell wird
2-1-3-6 = Entwicklung und Ausgang

Wunschtreppe

Ein Legesystem, das Wünsche beleuchtet
und aufzeigt, wie man der Verwirklichung
näher kommen kann.

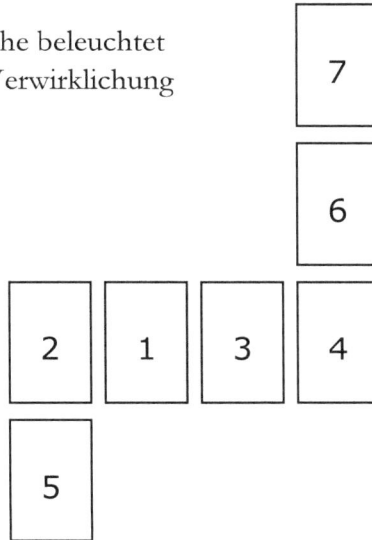

```
                              ┌─────┐
                              │     │
                              │  7  │
                              │     │
                              └─────┘
                              ┌─────┐
                              │     │
                              │  6  │
                              │     │
                              └─────┘
┌─────┐ ┌─────┐ ┌─────┐ ┌─────┐
│     │ │     │ │     │ │     │
│  2  │ │  1  │ │  3  │ │  4  │
│     │ │     │ │     │ │     │
└─────┘ └─────┘ └─────┘ └─────┘
┌─────┐
│     │
│  5  │
│     │
└─────┘
```

Die Bedeutung der Plätze:

1) Mein innigster Wunsch
2) Was den Wunsch blockiert
3) Was ich tun kann, um meinem Wunsch näher zu kommen
4) Wofür jetzt die richtige Zeit ist
5) Unterstützung, die ich bekomme
6) Was demnächst erreicht werden kann
7) Meine Überraschung

Bei Benutzung der Tarotkarten anschließend die Quintessenz ziehen
(siehe S. 4).

Zusatzdeutung bei 36-er Kartendecks wie Kipper, Lenormand oder
Zigeuner-Wahrsagekarten:
1-2-5 = Was jetzt in Fluss kommt
3-4-6-7 = Zukünftige Entwicklung

Die Entwirrung

Universal-Legesystem für alle Fragen.

1	2	3	4	5

Die Bedeutung der Plätze:

1) Das Thema, um das es geht
2) So stellt es sich dar
3) Das steckt dahinter
4) Das muss geklärt werden
5) Diese Lösung ist in Sicht

Bei Benutzung der Tarotkarten anschließend die Quintessenz ziehen (siehe S. 4).

Zusatzdeutung bei 36-er Kartendecks wie Kipper, Lenormand oder Zigeuner-Wahrsagekarten:

Alle Karten von links nach rechts lesen, um die Entwicklung der Angelegenheit zu verfolgen.

Geduldsspiel

Universal-Legesystem für alle Fragen.

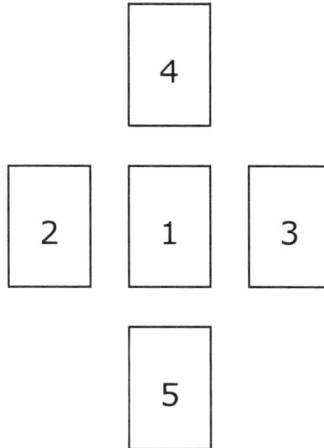

```
            ┌─────┐
            │  4  │
            └─────┘
┌─────┐  ┌─────┐  ┌─────┐
│  2  │  │  1  │  │  3  │
└─────┘  └─────┘  └─────┘
            ┌─────┐
            │  5  │
            └─────┘
```

Die Bedeutung der Plätze:
1) Mein Thema
2) Das kann ich jetzt noch nicht lösen
3) Das ist ein Schritt, der mich vorwärts bringt
4) Hier soll ich mehr Geduld haben
5) Das ist das nächste Etappenziel, das ich erreichen kann

Bei Benutzung der Tarotkarten anschließend die Quintessenz ziehen (siehe S. 4).

Zusatzdeutung bei 36-er Kartendecks wie Kipper, Lenormand oder Zigeuner-Wahrsagekarten:
2-1-3 = Diesen Weg kann ich gehen
4-1-5 = Das Ergebnis

Antistress-Training

Ein Legesystem, das auch ohne spezielle Frage funktioniert.

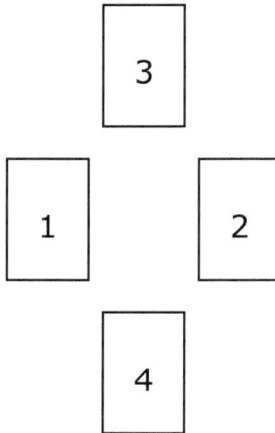

```
        ┌─────┐
        │  3  │
        └─────┘
┌─────┐       ┌─────┐
│  1  │       │  2  │
└─────┘       └─────┘
        ┌─────┐
        │  4  │
        └─────┘
```

Die Bedeutung der Plätze:
1) Mein Stress-Thema
2) Die Ursache für den Stress
3) Neue Herangehensweise ans Thema, um Stress zu vermeiden
4) Die Gelassenheit, die dadurch erreicht werden kann

Bei Benutzung der Tarotkarten anschließend die Quintessenz ziehen (siehe S. 4).

Zusatzdeutung bei 36-er Kartendecks wie Kipper, Lenormand oder Zigeuner-Wahrsagekarten:
1-2 = Das Problem
3-4 = Die Lösung

Kontaktaufnahme

Ein Legesystem zum Kommunikationsverhalten, das auch ohne spezielle Frage funktioniert.

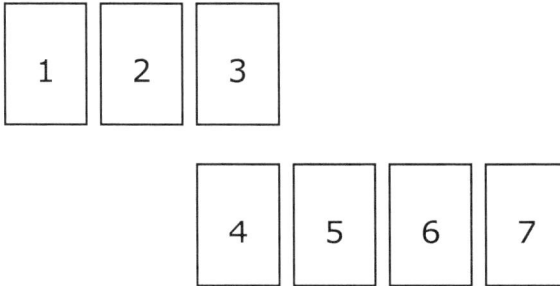

```
┌─────┐ ┌─────┐ ┌─────┐
│  1  │ │  2  │ │  3  │
└─────┘ └─────┘ └─────┘

   ┌─────┐ ┌─────┐ ┌─────┐ ┌─────┐
   │  4  │ │  5  │ │  6  │ │  7  │
   └─────┘ └─────┘ └─────┘ └─────┘
```

Die Bedeutung der Plätze:
1) Das ist der Redner in mir
2) Wie ich auf andere zugehe
3) Wie die Umwelt darauf reagiert
4) Was mir bei Gesprächen immer wieder passiert
5) Wie ich meine Kommunikation verbessern kann
6) Ein Ratschlag
7) Mein Gewinn, wenn ich dem Ratschlag folge

Bei Benutzung der Tarotkarten anschließend die Quintessenz ziehen (siehe S. 4).

Zusatzdeutung bei 36-er Kartendecks wie Kipper, Lenormand oder Zigeuner-Wahrsagekarten:
1-2-3 = Das Kommunikationsverhalten derzeit
4-5-6-7 = Wie die Kommunikation verbessert werden kann

Gewinn und Verlust

Ein Universal-Legesystem für alle Fragen.

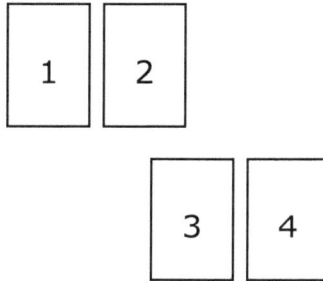

```
┌───┐┌───┐
│ 1 ││ 2 │
└───┘└───┘
     ┌───┐┌───┐
     │ 3 ││ 4 │
     └───┘└───┘
```

Die Bedeutung der Plätze:
1) Das Thema
2) Das soll ich aufgeben, weil es keine guten Aussichten hat
3) Wenn ich das tue, ist es ein Gewinn für mich
4) So geht es weiter

Bei Benutzung der Tarotkarten anschließend die Quintessenz ziehen (siehe S. 4).

Zusatzdeutung bei 36-er Kartendecks wie Kipper, Lenormand oder Zigeuner-Wahrsagekarten: Alle Karten von links nach rechts lesen, um die Entwicklung des Themas zu sehen.
1-2 = Das hat keine Chancen
3-4 = Das ist ein viel versprechender Weg

Raketenstart

Universal-Legesystem für alle Fragen.

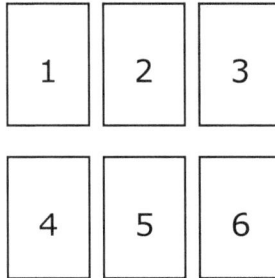

1	2	3
4	5	6

Die Bedeutung der Plätze:
1) Das ist meine Situation
2) Das lasse ich zurück
3) Das beginnt jetzt
4) Eine Überraschung, die auf mich zukommt
5) Diese Entwicklung wird bald sichtbar
6) Dieses Ereignis öffnet mir die Augen für die zukünftige Richtung

Bei Benutzung der Tarotkarten anschließend die Quintessenz ziehen (siehe S. 4).

Zusatzdeutung bei 36-er Kartendecks wie Kipper, Lenormand oder Zigeuner-Wahrsagekarten:
1-2-3 = Die derzeitige Tendenz
4-5-6 = Die überraschende, neue Richtung

Strategie

Für Situationen, wo es um das Erreichen eines bestimmten Ziels geht, sei dies beruflich oder persönlich.

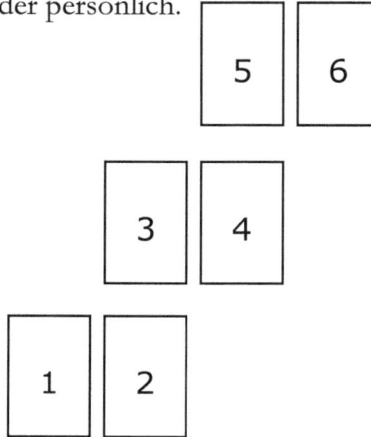

```
          ┌───┐ ┌───┐
          │ 5 │ │ 6 │
          └───┘ └───┘
     ┌───┐ ┌───┐
     │ 3 │ │ 4 │
     └───┘ └───┘
┌───┐ ┌───┐
│ 1 │ │ 2 │
└───┘ └───┘
```

Die Bedeutung der Plätze:
1) Das bin ich
2) Das ist mein Ziel
3) Um mein Ziel zu erreichen, muss ich das aufgeben / loslassen
4) Stattdessen soll ich dies tun
5) Dieses Problem löst sich, wenn ich geduldig und ausdauernd daran arbeite
6) Das nächste Erfolgserlebnis auf meinem Weg zum Ziel

Bei Benutzung der Tarotkarten anschließend die Quintessenz ziehen (siehe S. 4).

Zusatzdeutung bei 36-er Kartendecks wie Kipper, Lenormand oder Zigeuner-Wahrsagekarten:
1-2 = Das will ich
3-4 = Das kann ich dafür tun
5-6 = Der Ausblick in die Zukunft

Der Baum

Universal-Legesystem für alle Fragen.

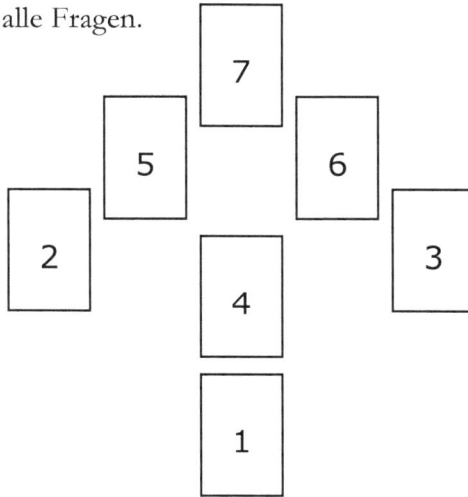

Die Bedeutung der Plätze:

1) Die Wurzel- Meine derzeitige Situation
2) Die Krone- Das zeige ich nach Außen
3) Ein Samenkorn - Das möchte ich vor Anderen verbergen
4) Der Austrieb – Das entwickelt sich
5) Die Knospe - Das kann ich jetzt vorbereiten
6) Die Blüte - In dieser Situation kann ich meine Chance nutzen
7) Das Wachstum - So geht es weiter

Bei Benutzung der Tarotkarten anschließend die Quintessenz ziehen (siehe S. 4).

Zusatzdeutung bei 36-er Kartendecks wie Kipper, Lenormand oder Zigeuner-Wahrsagekarten:

1-4-7 = Die innere Einstellung
2-5-7 = Wie ich handeln soll
3-6-7 = Unerwartete Chancen

Klärung

Ein Legesystem, um Prioritäten zu setzen.

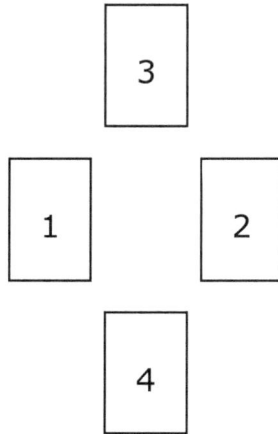

```
        ┌─────┐
        │     │
        │  3  │
        │     │
        └─────┘
┌─────┐       ┌─────┐
│     │       │     │
│  1  │       │  2  │
│     │       │     │
└─────┘       └─────┘
        ┌─────┐
        │     │
        │  4  │
        │     │
        └─────┘
```

Die Bedeutung der Plätze:
1) Das Aktuelle - Das ist meine Situation
2) Die Reinigung - Das brauche ich jetzt nicht mehr, ich kann es abhaken und loslassen
3) Die Öffnung – Damit soll ich mich beschäftigen
4) Die Überraschung – Darauf soll ich mich einstellen

Bei Benutzung der Tarotkarten anschließend die Quintessenz ziehen (siehe S. 4).

Zusatzdeutung bei 36-er Kartendecks wie Kipper, Lenormand oder Zigeuner-Wahrsagekarten:
1-2 = Was ich lassen soll
3-4 = Worauf ich mich konzentrieren soll

Die Führung

Legesystem für Fragen zum Erreichen eines Zieles, z.B.: „Wie kann ich … erreichen?"

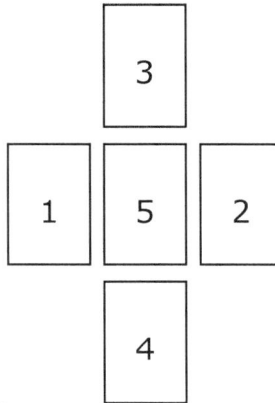

```
        ┌─────┐
        │     │
        │  3  │
        │     │
        └─────┘
┌─────┐ ┌─────┐ ┌─────┐
│     │ │     │ │     │
│  1  │ │  5  │ │  2  │
│     │ │     │ │     │
└─────┘ └─────┘ └─────┘
        ┌─────┐
        │     │
        │  4  │
        │     │
        └─────┘
```

Die Bedeutung der Plätze:
1) Das Thema - Das ist mein Wunsch, mein Ziel
2) Die Vorbereitung - Das soll ich selbst für die Erreichung dieses Zieles tun
3) Die Bereitschaft - Dafür bin ich schon bereit
4) Die Wachsamkeit - Diesen Hinweis muss ich noch beachten
5) Die Ernte - Das kann ich dann bekommen

Anmerkung: Platz 2 und 4 kann auch darauf hinweisen, dass man das Ziel noch einmal überdenken sollte, weil vielleicht etwas anderes derzeit wichtiger ist.

Bei Benutzung der Tarotkarten anschließend die Quintessenz ziehen (siehe S. 4).

Zusatzdeutung bei 36-er Kartendecks wie Kipper, Lenormand oder Zigeuner-Wahrsagekarten:
1-5-2 = Was zu tun ist
3-5-4 = Worauf ich besonders achten soll

Durchblick

Universal-Legesystem für alle Fragen.

6	4	8
2	1	3
9	5	7

Die Bedeutung der Plätze:

1) Die Situation
2) Das hat dazu geführt - Vergangenheit
3) Das wurde bislang versäumt
4) Das ist jetzt notwendig
5) Das muss jetzt zurücktreten
6) So soll ich beginnen
7) Das wird geschehen
8) Das kann ich erreichen
9) Die weitere Entwicklung

Bei Benutzung der Tarotkarten anschließend die Quintessenz ziehen (siehe S. 4).

Zusatzdeutung bei 36-er Kartendecks wie Kipper, Lenormand oder Zigeuner-Wahrsagekarten:

2-1-3 = Was noch nicht erledigt ist
6-4-8 = Was ich tun kann
9-5-7 = Die Zukunft

Peilung

Universal-Legesystem, das auch sehr gut ohne spezielle Frage gelegt werden kann.

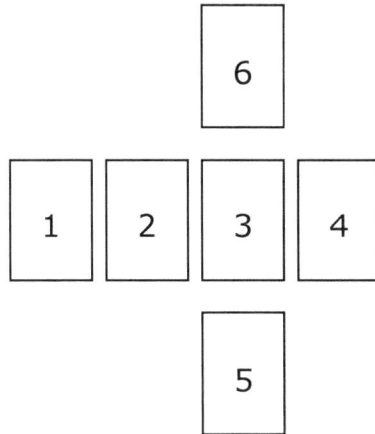

```
            ┌─────┐
            │     │
            │  6  │
            │     │
            └─────┘
┌─────┐ ┌─────┐ ┌─────┐ ┌─────┐
│     │ │     │ │     │ │     │
│  1  │ │  2  │ │  3  │ │  4  │
│     │ │     │ │     │ │     │
└─────┘ └─────┘ └─────┘ └─────┘
            ┌─────┐
            │     │
            │  5  │
            │     │
            └─────┘
```

Die Bedeutung der Plätze:
1) Was bisher erreicht wurde
2) Die derzeitigen Wünsche
3) Das Ziel, das ich in Zukunft erreichen kann
4) Der Weg, der mich ans Ziel bringt
5) Der Weg, der mich an der Erreichung des Ziels hindert.
6) Das Ereignis, durch das mein Ziel Wirklichkeit wird.

Bei Benutzung der Tarotkarten anschließend die Quintessenz ziehen (siehe S. 4).

Zusatzdeutung bei 36-er Kartendecks wie Kipper, Lenormand oder Zigeuner-Wahrsagekarten:
1-2-3-4 = Die derzeitigen Möglichkeiten
5-3-6 = Die Entwicklung in der Zukunft

Kurzabfrage

Universal-Legesystem, das auch sehr gut ohne spezielle Frage gelegt werden kann.

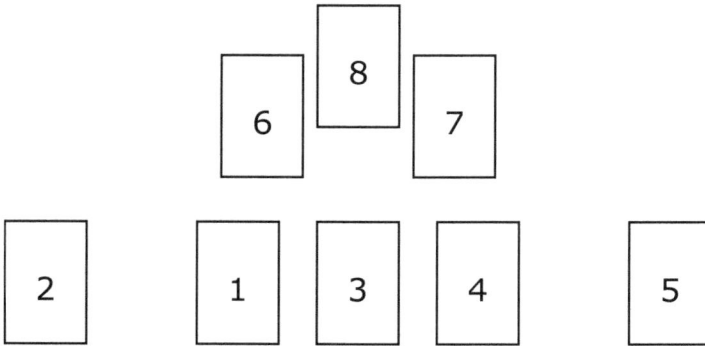

```
          ┌─────┐
          │  8  │
    ┌─────┤     ├─────┐
    │  6  │     │  7  │
    │     └─────┘     │
    └─────┘     └─────┘

┌─────┐  ┌─────┐┌─────┐┌─────┐     ┌─────┐
│  2  │  │  1  ││  3  ││  4  │     │  5  │
│     │  │     ││     ││     │     │     │
└─────┘  └─────┘└─────┘└─────┘     └─────┘
```

Die Bedeutung der Plätze:

1) Thema
2) Vergangenheit
3) Gegenwart
4) Nächste Zukunft
5) Was man beim Thema nicht sieht, erkennt
6) Äußere Einflüsse auf das Thema, die akzeptiert werden müssen
7) Ratschlag zur Verhaltensweise
8) Ausgang des Themas

Bei Benutzung der Tarotkarten anschließend die Quintessenz ziehen (siehe S. 4).

Zusatzdeutung bei 36-er Kartendecks wie Kipper, Lenormand oder Zigeuner-Wahrsagekarten:

2-1-3 4-5= Zukünftige Einflüsse
2-6-8 = Was nicht geändert werden kann
6-7 = Wofür jetzt der richtige Zeitpunkt ist
4-7-8 = Was jetzt getan werden sollte

Wellenspiel

Universal-Legesystem, das keine Fragestellung braucht.

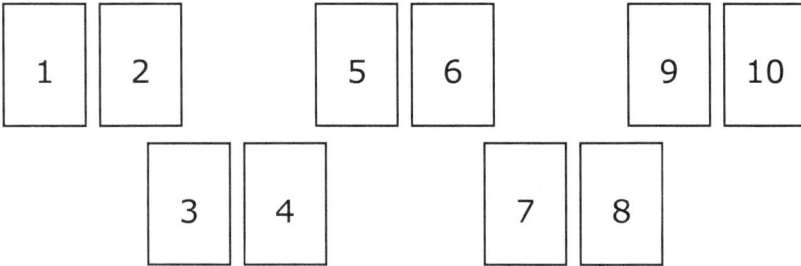

| 1 | 2 | | 5 | 6 | | 9 | 10 |

| | 3 | 4 | | 7 | 8 | |

Die Bedeutung der Plätze:
1) Das bin ich
2) Dahin treibt es mich
3) Das verwirrt mich dabei
4) Doch dies steht mir frei
5) Das will ich hinter mir lassen
6) Diese Zukunft mit Händen fassen
7) Diesen Weg muss ich deshalb gehen
8) Lernen, auch hier einen Vorteil zu sehen
9) Das bringt unerwartet Glück und Licht
10) Dieses Ergebnis ist wasserdicht

Bei Benutzung der Tarotkarten anschließend die Quintessenz ziehen (siehe S. 4).

Zusatzdeutung bei 36-er Kartendecks wie Kipper, Lenormand oder Zigeuner-Wahrsagekarten:
1-2 = Wohin es mich derzeit drängt
3-4 = Was ich tun kann
5-6 = Hoffnungen, die sich erfüllen sollen
7-8 = Notwendige Schritte
9-10 = Ergebnis

Planung

Ein Legesystem, das den Weg zum Ziel zeigt.

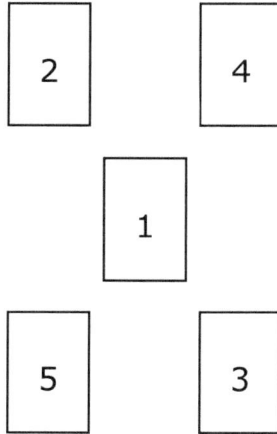

```
  ┌─────┐        ┌─────┐
  │     │        │     │
  │  2  │        │  4  │
  │     │        │     │
  └─────┘        └─────┘

         ┌─────┐
         │     │
         │  1  │
         │     │
         └─────┘

  ┌─────┐        ┌─────┐
  │     │        │     │
  │  5  │        │  3  │
  │     │        │     │
  └─────┘        └─────┘
```

Die Bedeutung der Plätze:
1) Da will ich hin
2) Dieser Schritt bringt mich auf den schnellsten Weg
3) Das brauche ich, damit ich nicht vom Weg abkomme
4) Das wird von alleine laufen
5) Das sollte ich noch bedenken (weil es bisher zu wenig berücksichtigt wurde)

Bei Benutzung der Tarotkarten anschließend die Quintessenz ziehen (siehe S. 4).

Zusatzdeutung bei 36-er Kartendecks wie Kipper, Lenormand oder Zigeuner-Wahrsagekarten:
2-1-3 = Die nächsten Schritte
5-1-4 = So entwickelt es sich in der Zukunft

Das Fenster

Ein Legesystem für alle schwierigen Situationen, in denen etwas zu Ende geht und das Neue noch nicht sichtbar ist, z.B. Kündigung des Arbeitsplatzes, Trennung vom Partner, persönliche Krisen.

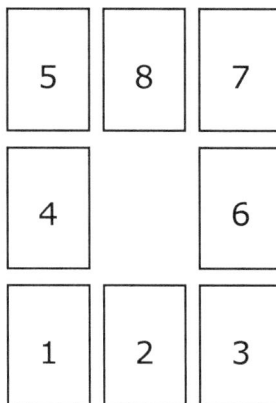

```
┌───┐ ┌───┐ ┌───┐
│ 5 │ │ 8 │ │ 7 │
└───┘ └───┘ └───┘
┌───┐       ┌───┐
│ 4 │       │ 6 │
└───┘       └───┘
┌───┐ ┌───┐ ┌───┐
│ 1 │ │ 2 │ │ 3 │
└───┘ └───┘ └───┘
```

Die Bedeutung der Plätze:
1) Das habe ich verloren
2) Diese Ängste bringt das mit sich
3) Wie ich die Ängste überwinden kann
4) Das ist der Lichtblick, das Positive in meiner Situation
5) Dafür soll ich mir jetzt Zeit nehmen
6) Diese Chance bietet sich mir. Es ist gut, wenn ich sie ergreife
7) Das will neu in mein Leben treten
8) Diese Freude wird sich aus dem Neuen entwickeln

Bei Benutzung der Tarotkarten anschließend die Quintessenz ziehen (siehe S. 4).

Zusatzdeutung bei 36-er Kartendecks wie Kipper, Lenormand oder Zigeuner-Wahrsagekarten:
1-2-3 = Was schwer fällt
1-4-5 = Wie ich die Zeit nutzen kann
3-6-7 = Eine neue Entwicklung
5-8-7 = Die Entfaltung des Neuen

Entwicklungsweg

Universal-Legesystem, das auch sehr gut ohne spezielle Frage gelegt werden kann.

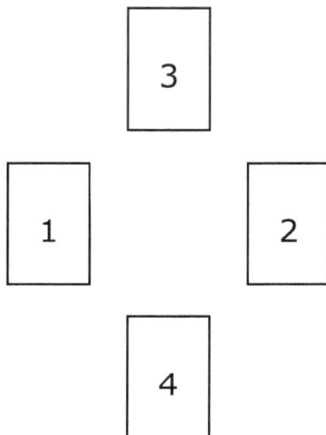

```
        ┌─────┐
        │     │
        │  3  │
        │     │
        └─────┘
┌─────┐         ┌─────┐
│     │         │     │
│  1  │         │  2  │
│     │         │     │
└─────┘         └─────┘
        ┌─────┐
        │     │
        │  4  │
        │     │
        └─────┘
```

Die Bedeutung der Plätze:
1) Das ist meine Situation
2) Das brauche ich jetzt nicht mehr, ich kann es abhaken
3) Das will jetzt in mein Leben treten
4) Das wird mich überraschen

Bei Benutzung der Tarotkarten anschließend die Quintessenz ziehen (siehe S. 4).

Zusatzdeutung bei 36-er Kartendecks wie Kipper, Lenormand oder Zigeuner-Wahrsagekarten:
1-2 = Das ist vorbei
3-4 = Das bringt die Zukunft

Die Führung

Universal-Legesystem, das auch sehr gut ohne spezielle Frage gelegt werden kann.

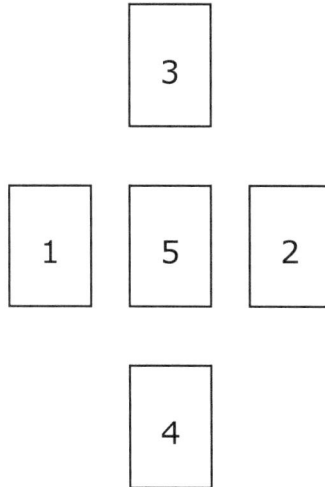

```
        ┌─────┐
        │  3  │
        └─────┘

┌─────┐ ┌─────┐ ┌─────┐
│  1  │ │  5  │ │  2  │
└─────┘ └─────┘ └─────┘

        ┌─────┐
        │  4  │
        └─────┘
```

Die Bedeutung der Plätze:
1) Das ist mein Wunsch, mein Ziel
2) Das soll ich selbst für die Erreichung dieses Zieles tun
3) Dafür bin ich schon bereit
4) Diesen Hinweis muss ich noch beachten
5) Das kann ich dann bekommen

Bei Benutzung der Tarotkarten anschließend die Quintessenz ziehen (siehe S. 4).

Zusatzdeutung bei 36-er Kartendecks wie Kipper, Lenormand oder Zigeuner-Wahrsagekarten:
1-5-2 = Was ich tun kann
4-5-3 = Die nächsten Schritte

Der Schlüssel

Universal-Legesystem, das auch sehr gut ohne spezielle Frage gelegt werden kann.

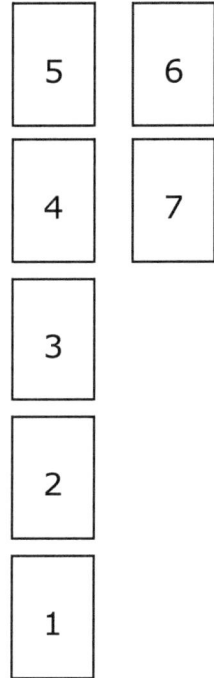

5	6
4	7
3	
2	
1	

Die Bedeutung der Plätze:

1) Das ist die Situation
2) Diese Phase soll jetzt zu Ende gehen
3) So soll ich mich jetzt verhalten
4) Dieses Tor will sich für mich öffnen
5) Das ist mein nächster Schritt zu diesem Tor
6) Diese Ängste rauben mir Energie. Ich soll sie überwinden
7) Das ist der Schlüssel zu einem erfüllten Leben

Bei Benutzung der Tarotkarten anschließend die Quintessenz ziehen (siehe S. 4).

Zusatzdeutung bei 36-er Kartendecks wie Kipper, Lenormand oder Zigeuner-Wahrsagekarten:

1-2-3 = Die derzeitige Situation
4-5 = Das was sich vorbereitet
6-7 = Worauf ich meinen Blick richten soll

Himmlische Helfer

Universal-Legesystem, das auch sehr gut ohne spezielle Frage gelegt werden kann.

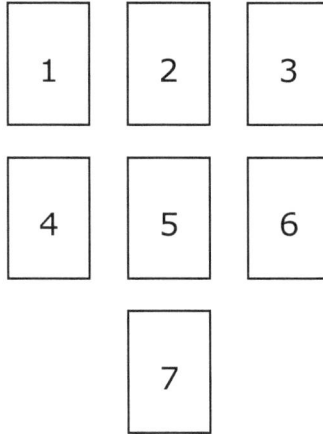

```
┌─────┐  ┌─────┐  ┌─────┐
│  1  │  │  2  │  │  3  │
└─────┘  └─────┘  └─────┘

┌─────┐  ┌─────┐  ┌─────┐
│  4  │  │  5  │  │  6  │
└─────┘  └─────┘  └─────┘

┌─────┐
│  7  │
└─────┘
```

Die Bedeutung der Plätze:
1) Das ist meine Situation
2) Das sehe ich
3) Das ist mir nicht bewusst
4) Das ist karmisch bedingt, damit soll ich umgehen lernen
5) Das kann ich getrost geschehen lassen, es ist zu meinem Vorteil
6) Diese Unterstützung habe ich aus der geistigen Welt
7) Das soll ich als nächstes tun

Bei Benutzung der Tarotkarten anschließend die Quintessenz ziehen (siehe S. 4).

Zusatzdeutung bei 36-er Kartendecks wie Kipper, Lenormand oder Zigeuner-Wahrsagekarten:
1-2-3 = Das Thema
4-5-6 = Was gut ist für mich
2-5-7 = Zu diesem Ergebnis führt es mich

Der Schicksalsweg

Universal-Legesystem, das auch sehr gut ohne spezielle Frage gelegt werden kann.

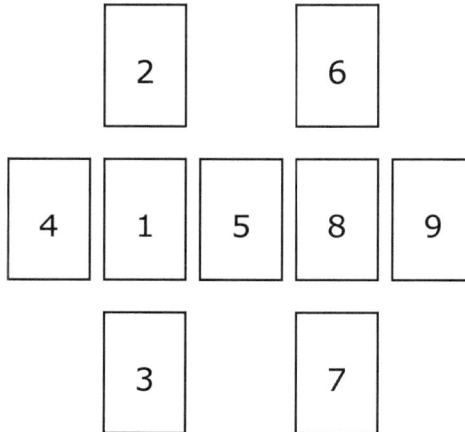

2		6

4	1	5	8	9

3		7

Die Bedeutung der Plätze:

1) Thema
2) Gegenwart, die akzeptiert werden muss
3) Gegenwart, die beeinflusst werden kann und die gegebenenfalls zu wenig beachtet wird
4) Vergangenheit
5) Kurzfristige Zukunft
6) Was in Zukunft eine Rolle spielt
7) Worauf man besonders achten soll, was man tun soll
8) Ergebnis
9) Langfristige Entwicklung des Themas

Bei Benutzung der Tarotkarten anschließend die Quintessenz ziehen (siehe S. 4).

Zusatzdeutung bei 36-er Kartendecks wie Kipper, Lenormand oder Zigeuner-Wahrsagekarten:
2-1–3 = Gegenwart
4-1-5 = Eigeninitiative, was zu tun ist
3-5-6 = Schicksalsweg, Richtung, in die man geführt wird
4-1–5–8-9 = Zukünftige Entwicklung
7-8-6 = Worauf man besonders achten soll
3-7 = Wofür jetzt die richtige Zeit ist
2-6 = Was man nicht beeinflussen kann

Das Tor

Ein Legesystem für alle Situationen, in denen Veränderungen notwendig sind oder die Krisencharakter haben.

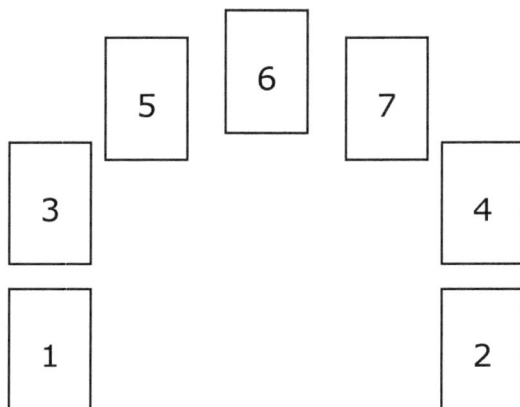

Die Bedeutung der Plätze:
1) Das ist die Situation
2) Das geht zu Ende
3) Durch dieses Tor muss ich gehen
4) Das passiert, wenn sich das Tor öffnet
5) Diese Ängste muss ich überwinden
6) Diese neue Situation ergibt sich, wenn das Tor offen ist
7) Das ist der Ausblick auf die weitere Entwicklung

Bei Benutzung der Tarotkarten anschließend die Quintessenz ziehen (siehe S. 4).

Zusatzdeutung bei 36-er Kartendecks wie Kipper, Lenormand oder Zigeuner-Wahrsagekarten:
1-3-5 = Das ist meine Schwierigkeit (in der auch die Lösung steckt)
2-4-7 = So geht es jetzt als nächstes weiter
5-6-7 = Das ist mein Blick in die Zukunft

Die Bestimmung

Ein Legesystem für Themen, bei denen man sich im Zwiespalt fühlt.

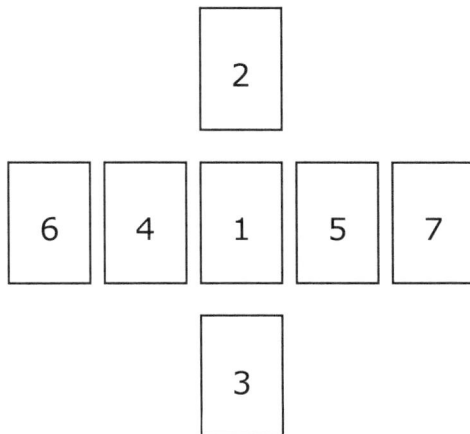

```
                    ┌─────┐
                    │  2  │
                    └─────┘
  ┌─────┐┌─────┐┌─────┐┌─────┐┌─────┐
  │  6  ││  4  ││  1  ││  5  ││  7  │
  └─────┘└─────┘└─────┘└─────┘└─────┘
                    ┌─────┐
                    │  3  │
                    └─────┘
```

Die Bedeutung der Plätze:
1) Was man tun oder haben will
2) Was die Seele sich dagegen unbewusst wünscht
3) Blockaden und Hindernisse, die Zwiespalt schaffen
4) Was innen und außen in Einklang bringt
5) Was man geschehen lassen soll
6) Worauf man besonders achten soll, was man tun soll
7) Ergebnis

Bei Benutzung der Tarotkarten anschließend die Quintessenz ziehen (siehe S. 4).

Zusatzdeutung bei 36-er Kartendecks wie Kipper, Lenormand oder Zigeuner-Wahrsagekarten:
2-1-3 = Gegenwart
6-4-1-5-7 = Der Weg des geringsten Widerstands

Brainstorming

Ein Legesystem, das geeignet ist, wenn man Entscheidungshilfe braucht.

```
                    ┌─────┐
                    │  1  │
                    └─────┘

    ┌─────┐    ┌─────┐    ┌─────┐
    │  2  │    │  3  │    │  4  │
    └─────┘    └─────┘    └─────┘

    ┌─────┐    ┌─────┐    ┌─────┐
    │  5  │    │  6  │    │  7  │
    └─────┘    └─────┘    └─────┘

    ┌─────┐    ┌─────┐    ┌─────┐
    │  8  │    │  9  │    │ 10  │
    └─────┘    └─────┘    └─────┘

    ┌─────┐    ┌─────┐    ┌─────┐
    │ 11  │    │ 12  │    │ 13  │
    └─────┘    └─────┘    └─────┘
```

Die Bedeutung der Plätze:
1) Das Thema – Das ist meine Situation
2) Die Idee – Die erste Handlungsmöglichkeit
3) Die Idee – Die zweite Handlungsmöglichkeit
4) Die Idee – die dritte Handlungsmöglichkeit
5) Das Problem – Hindernisse bei der ersten Möglichkeit

6) Das Problem – Hindernisse bei der zweiten Möglichkeit
7) Das Problem – Hindernisse bei der dritten Möglichkeit
8) Die Entwicklung – Voraussichtliche Entwicklung der ersten Möglichkeit
9) Die Entwicklung – Voraussichtliche Entwicklung der zweiten Möglichkeit
10) Die Entwicklung – Voraussichtliche Entwicklung der dritten Möglichkeit
11) Das Ergebnis – Tendenzielles Ergebnis für die erste Möglichkeit
12) Das Ergebnis – Tendenzielles Ergebnis bei der zweiten Möglichkeit
13) Das Ergebnis – Tendenzielles Ergebnis bei der dritten Möglichkeit

Zur Wahl stehen also 3 Handlungsmöglichkeiten, in Form von drei Längsreihen.

Möglichkeit 1: Reihe 2 – 5 – 8 – 11 (Initiative – Hindernisse - Entwicklung – Ergebnis)
Möglichkeit 2: Reihe 3 – 6 – 9 – 12 (Initiative – Hindernisse - Entwicklung – Ergebnis)
Möglichkeit 3: Reihe 4 – 7 – 10 – 13 (Initiative – Hindernisse - Entwicklung – Ergebnis)

Bei Benutzung der Tarotkarten anschließend die Quintessenz für jede Reihe ziehen (siehe S. 4), einschließlich jeweils der Karte Nr.1.

Zusatzdeutung bei 36-er Kartendecks wie Kipper, Lenormand oder Zigeuner-Wahrsagekarten:
Die drei Reihen von oben nach unten als zusammenhängende Kombination lesen.

Der Richterspruch
Legesystem bei Fragen zu Streitfällen und Rechtsangelegenheiten

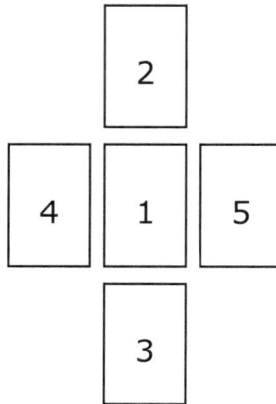

Die Bedeutung der Plätze:
1) Darum geht es
2) Diese Meinung habe ich
3) Das sagt die Gegenpartei
4) Das ist gerecht (auch Möglichkeit außergerichtlicher Einigung)
5) Diesen Richterspruch kann ich erwarten

Bei Benutzung der Tarotkarten anschließend die Quintessenz ziehen (siehe S. 4).

Zusatzdeutung bei 36-er Kartendecks wie Kipper, Lenormand oder Zigeuner-Wahrsagekarten:
2-1-3 = So stellt sich die strittige Situation dar
4-1-5 = So geht es weiter
2-3-4 = So können wir uns einigen
2-3-5 = Wenn wir uns nicht einigen, wird meine Angelegenheit (evtl. bei Gericht) so ausgehen

Liebe und Partnerschaft

> ## Schwingungen
> Jeder hat seine eigene Schwingung, ob sie mit dem Gegenüber kompatibel ist, zeigt sich im Zusammenspiel

Begegnung

Wenn man jemanden getroffen hat und denjenigen besser einschätzen möchte.

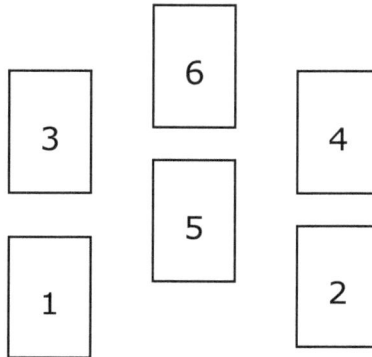

```
        ┌─────┐
┌─────┐ │  6  │ ┌─────┐
│  3  │ └─────┘ │  4  │
└─────┘ ┌─────┐ └─────┘
        │  5  │
┌─────┐ └─────┘ ┌─────┐
│  1  │         │  2  │
└─────┘         └─────┘
```

Die Bedeutung der Plätze:
1) Das zeigt mich
2) Das zeigt die Person, um die es geht
3) Das sind meine Wünsche in Bezug auf die Person
4) Das sind die Wünsche der Person, um die es geht, in Bezug auf mich
5) Das würde passieren, wenn ich die Person näher kennenlerne
6) Das ist der Ratschlag

Bei Benutzung der Tarotkarten anschließend die Quintessenz ziehen (siehe S. 4).

Zusatzdeutung bei 36-er Kartendecks wie Kipper, Lenormand oder Zigeuner-Wahrsagekarten:
1-5-2 = Wie es zwischen uns weitergeht
3-6-4 = Wie ich in Bezug auf die Person handeln soll

Die Sehnsucht

Ein Legesystem für alle, die auf der Suche nach einem Partner sind.

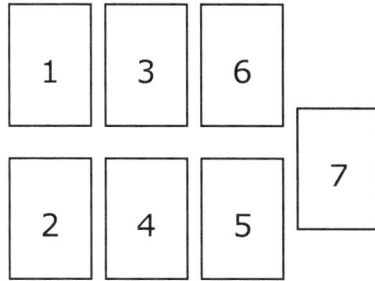

```
┌───┐ ┌───┐ ┌───┐
│ 1 │ │ 3 │ │ 6 │
└───┘ └───┘ └───┘     ┌───┐
┌───┐ ┌───┐ ┌───┐     │ 7 │
│ 2 │ │ 4 │ │ 5 │     └───┘
└───┘ └───┘ └───┘
```

Die Bedeutung der Plätze:

1) Das ist mein Thema
2) Das wünsche ich mir von einem Partner
3) Das ist mein Vorteil, weil ich allein lebe
4) Das erhoffe ich von einer festen Beziehung
5) Das bin ich für eine Beziehung bereit zu geben
6) Das kann mir in meinem Singledasein Zufriedenheit geben, falls ich noch länger auf den richtigen Partner warten muss
7) So soll ich die Zeit nutzen, bis der Richtige in mein Leben tritt

Bei Benutzung der Tarotkarten anschließend die Quintessenz ziehen (siehe S. 4).

Zusatzdeutung bei 36-er Kartendecks wie Kipper, Lenormand oder Zigeuner-Wahrsagekarten:

1-3-6 = Die Vorteile des Singledaseins
2-4-5 = Die Wunschpartnerschaft
5-6-7 = Ratschlag zur Verhaltensweise

Herzklopfen

Ein Legesystem für den Start in eine neue Liebe.

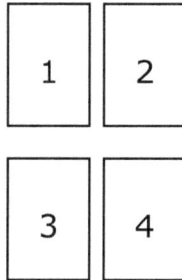

```
┌─────┐┌─────┐
│     ││     │
│  1  ││  2  │
│     ││     │
└─────┘└─────┘
┌─────┐┌─────┐
│     ││     │
│  3  ││  4  │
│     ││     │
└─────┘└─────┘
```

Die Bedeutung der Plätze:
1) Das bin ich
2) Das ist meine neue Liebe
3) Was uns zueinander zieht
4) Wie es sich weiterentwickelt

Bei Benutzung der Tarotkarten anschließend die Quintessenz ziehen (siehe S. 4).

Zusatzdeutung bei 36-er Kartendecks wie Kipper, Lenormand oder Zigeuner-Wahrsagekarten:
1-2 = Die Harmonie oder Ergänzung der Partner
1-3 = Was den Partner für mich anziehend macht
1-4 = Wie ich mir die Zukunft mit dem Partner vorstelle
2-4 = Wie der Partner sich die Zukunft mit mir vorstellen kann
3-4 = Wie sich die neue Liebe in nächster Zeit entwickelt

Die Chance

Ein Legesystem, um die eigenen Bedürfnisse in einer Beziehung zu hinterfragen.

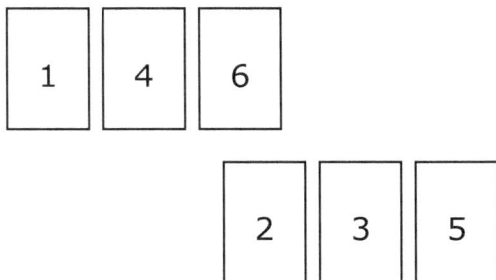

```
┌───┐ ┌───┐ ┌───┐
│ 1 │ │ 4 │ │ 6 │
└───┘ └───┘ └───┘

      ┌───┐ ┌───┐ ┌───┐
      │ 2 │ │ 3 │ │ 5 │
      └───┘ └───┘ └───┘
```

Die Bedeutung der Plätze:
1) Das bin ich
2) Das suche ich als Ergänzung in der Partnerschaft
3) Diese Eigenschaft eines Partners ist mir sehr wichtig
4) Das brauche ich, um mich in der Liebe fallen lassen zu können
5) Im Zusammenleben brauchen beide Partner diese Freiheit
6) Das kann ich selbst zu einer glücklichen Partnerschaft beitragen

Bei Benutzung der Tarotkarten anschließend die Quintessenz ziehen (siehe S. 4).

Zusatzdeutung bei 36-er Kartendecks wie Kipper, Lenormand oder Zigeuner-Wahrsagekarten:
1-4-6 = Was für eine glückliche Partnerschaft wichtig ist
2-3-5 = Die gewünschten Eigenschaften eines Partners

Herzschmerz

Ein Legesystem für Trennungssituationen.

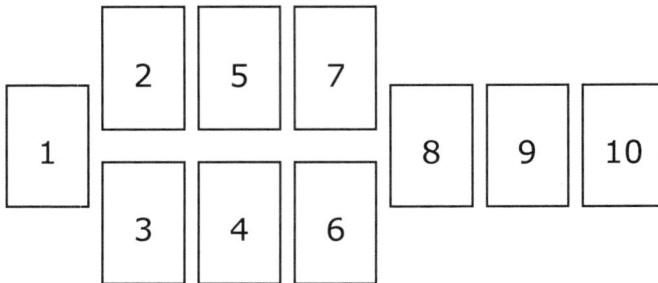

```
        ┌───┐ ┌───┐ ┌───┐
        │ 2 │ │ 5 │ │ 7 │
┌───┐   └───┘ └───┘ └───┘   ┌───┐ ┌───┐ ┌───┐
│ 1 │                       │ 8 │ │ 9 │ │10 │
└───┘   ┌───┐ ┌───┐ ┌───┐   └───┘ └───┘ └───┘
        │ 3 │ │ 4 │ │ 6 │
        └───┘ └───┘ └───┘
```

Die Bedeutung der Plätze:

1) Was zur Trennung geführt hat
2) Was ich allmählich loslassen soll
3) Was ich mir jetzt Gutes tun kann
4) Was die zerbrochene Beziehung mir gegeben hat
5) Was die zerbrochene Beziehung mir genommen hat
6) Welche Chance sich mir durch die Trennung bietet
7) Was mir hilft, den Trennungsschmerz zu verarbeiten
8) Zusätzlich bei Bedarf:
9) So stehen die Chancen, dass der Partner zurückkommt
10) Was mir das bringen würde
11) Wenn ich loslasse, dann ist das meine Chance für eine neue und bessere Partnerschaft

Bei Benutzung der Tarotkarten anschließend die Quintessenz ziehen (siehe S. 4).

Zusatzdeutung bei 36-er Kartendecks wie Kipper, Lenormand oder Zigeuner-Wahrsagekarten:
2-5-7 = Konflikte, die verarbeitet und losgelassen werden sollen
3-4-6 = Die Chancen, die sich durch die Trennung ergeben
8-9-10 = Die Zukunftstendenz

Die Dankbarkeit

Ein Legesystem, bei dem es um den Gewinn einer Beziehung geht, auch dann wenn sie gescheitert ist.

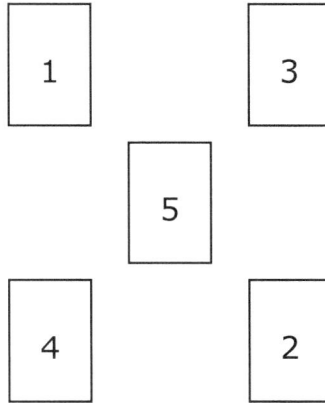

Die Bedeutung der Plätze:
1) Das ist (war) meine Beziehung
2) Dieses Glück gibt (gab) sie mir
3) Das habe ich in dieser Beziehung gelernt
4) Dadurch bin ich in der Beziehung gewachsen
5) Diese karmische Aufgabe kann (konnte) ich durch meine Beziehung bearbeiten

Bei Benutzung der Tarotkarten anschließend die Quintessenz ziehen (siehe S. 4).

Zusatzdeutung bei 36-er Kartendecks wie Kipper, Lenormand oder Zigeuner-Wahrsagekarten:
1-5-2 = Wofür ich dankbar sein kann
3-5-4 = Die persönliche Weiterentwicklung durch die Partnerschaft

Partner und Co

Legesystem, um Partnerschaften zu hinterfragen.

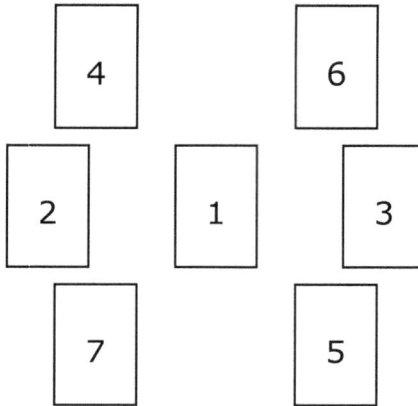

```
   ┌─────┐           ┌─────┐
   │  4  │           │  6  │
   └─────┘           └─────┘
┌─────┐  ┌─────┐  ┌─────┐
│  2  │  │  1  │  │  3  │
└─────┘  └─────┘  └─────┘
   ┌─────┐           ┌─────┐
   │  7  │           │  5  │
   └─────┘           └─────┘
```

Die Bedeutung der Plätze:

1) Das ist das Thema
2) Das bringe ich in die Beziehung ein
3) Das bringt der Partner in die Beziehung ein
4) So harmonieren wir zusammen
5) Darauf soll ich achten, mir Gedanken darüber machen
6) Das ist der Ratschlag
7) So geht es weiter

Bei Benutzung der Tarotkarten anschließend die Quintessenz ziehen (siehe S. 4).

Zusatzdeutung bei 36-er Kartendecks wie Kipper, Lenormand oder Zigeuner-Wahrsagekarten:

2-1-3 = Das Thema der Beziehung

4-1-5 = Das entwickelt sich

6-1-7 = Das ist die Zukunft

Liebes-Erfahrung

Ein Legesystem für neue und alte Beziehungen.

```
  5     6

  3     4

  1     2
```

Die Bedeutung der Plätze
1) Die Situation - So steht es bei mir in der Liebe
2) Das Ideal - Das wünsche ich mir
3) Die Aktion - - So verhalte ich mich, um es zu bekommen
4) Die Reaktion - Diese Reaktion auf mein Verhalten erlebe ich
5) Die Interaktion - Das soll ich lernen
6) Die Sinnlichkeit - Das ist der nächste Schritt zu einer erfüllten Partnerschaft

Anmerkung:

Wer bereits in einer Partnerschaft lebt, bezieht die Position 4 auf den Partner (seine Reaktion). Wer allein lebt, bezieht die Position 4 auf Begegnungen allgemein. Position 5 zeigt die derzeitige Lernaufgabe im Zusammenhang mit Partnerschaft, unabhängig davon, ob man alleine lebt oder nicht.

Bei Benutzung der Tarotkarten anschließend die Quintessenz ziehen (siehe S. 4).

Zusatzdeutung bei 36-er Kartendecks wie Kipper, Lenormand oder Zigeuner-Wahrsagekarten: Keine weiterführende Deutung!

Austausch

Legesystem zu Partnerschaft und Freundschaft. Kann ohne konkrete Fragestellung gelegt werden.

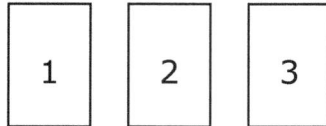

```
┌─────┐   ┌─────┐   ┌─────┐
│     │   │     │   │     │
│  1  │   │  2  │   │  3  │
│     │   │     │   │     │
└─────┘   └─────┘   └─────┘
```

Die Bedeutung der Plätze

1) Das Geben - Das gebe ich in meinen Beziehungen
2) Das Nehmen - Das nehme ich in meinen Beziehungen
3) Der Ausgleich - Das stärkt meinen harmonischen Austausch mit Anderen

Bei Benutzung der Tarotkarten anschließend die Quintessenz ziehen (siehe S. 4).

Zusatzdeutung bei 36-er Kartendecks wie Kipper, Lenormand oder Zigeuner-Wahrsagekarten:
Die Karten von links nach rechts im Zusammenhang lesen.

Paar – Legung

Ein Legesystem, das von den Partnern gemeinsam gespielt wird, um das Gespräch miteinander anzuregen. Jeder Partner sollte ein eigenes Kartendeck haben.

Ich selbst:

| 1 | 2 | 3 | 4 |

Mein Partner / meine Partnerin:

| 5 | 6 | 7 | 8 |

Die Bedeutung der Plätze:

Ich selbst:
1) Dieses Thema ist für mich persönlich wichtig
2) Das brauche ich für mein inneres Gleichgewicht
3) Das wünsche ich mir von dir
4) In dem Bereich kann ich mich durch dich weiter entwickeln

Mein Partner / meine Partnerin:
1) Dieses Thema ist für mich persönlich wichtig
2) Das brauche ich für mein inneres Gleichgewicht
3) Das wünsche ich mir von dir
4) In dem Bereich kann ich mich durch dich weiter entwickeln

Bei Benutzung der Tarotkarten anschließend die Quintessenz ziehen (siehe S. 4).

Zusatzdeutung bei 36-er Kartendecks wie Kipper, Lenormand oder Zigeuner-Wahrsagekarten: Die Karten von links nach rechts lesen, jeweils für den Partner als auch für sich selbst.

Zwiespalt

Ein Legesystem, wenn man zwischen zwei Partnern entscheiden will.

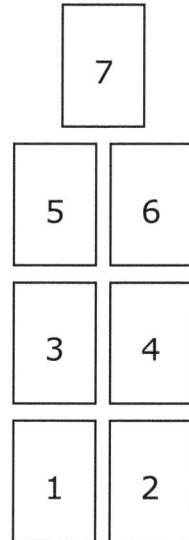

```
        [ 7 ]

    [ 5 ] [ 6 ]

    [ 3 ] [ 4 ]

    [ 1 ] [ 2 ]
```

Die Bedeutung der Plätze:
1) Das schätze ich am ersten Partner
2) Das schätze ich am zweiten Partner
3) Das wünscht sich der erste Partner von mir
4) Das wünscht sich der zweite Partner von mir
5) Diese Zukunft erwartet mich mit dem ersten Partner
6) Diese Zukunft erwartet mich mit dem zweiten Partner
7) Ein Rat für mich

Bei Benutzung der Tarotkarten anschließend die Quintessenz ziehen (siehe S. 4).

Zusatzdeutung bei 36-er Kartendecks wie Kipper, Lenormand oder Zigeuner-Wahrsagekarten:
1-3-5 = Die Chancen mit dem ersten Partner
2-4-6 = Die Chancen mit dem zweiten Partner

Beruf und Finanzen

Die Arbeit
Jede Arbeit, die einen Nutzen bietet,
schafft Wert.

See you at the top

Ein Legesystem für Fragen zu geplanten Weiterbildungen und Qualifizierungen, oder wenn es darum geht eine Entscheidung zu treffen.

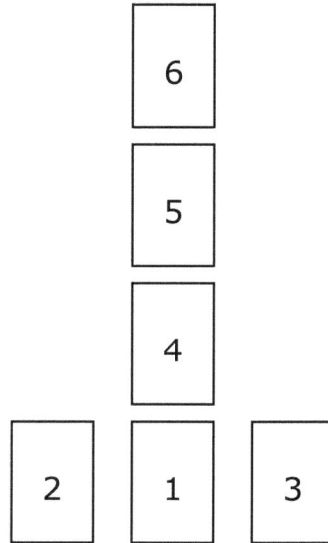

```
              ┌─────┐
              │  6  │
              └─────┘
              ┌─────┐
              │  5  │
              └─────┘
              ┌─────┐
              │  4  │
              └─────┘
┌─────┐  ┌─────┐  ┌─────┐
│  2  │  │  1  │  │  3  │
└─────┘  └─────┘  └─────┘
```

Die Bedeutung der Plätze:
1) Das habe ich vor
2) Damit brauche ich nicht zu rechnen, wenn ich es tue
3) Das wird Realität, wenn ich es tue
4) In diesem Sinne bringt mich mein Vorhaben weiter
5) Das muss ich dafür tun
6) Das kann ich erreichen

Bei Benutzung der Tarotkarten anschließend die Quintessenz ziehen (siehe S. 4).

Zusatzdeutung bei 36-er Kartendecks wie Kipper, Lenormand oder Zigeuner-Wahrsagekarten:
2-1-3 = Das bringt mir mein Vorhaben
1-4-5-6 = Das habe ich dann davon

Die Zufriedenheit

Ein Legesystem, das zeigt, was für ein erfüllendes Berufsleben wichtig ist.

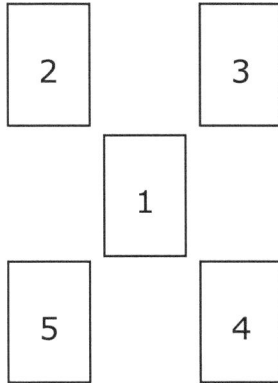

```
  ┌─────┐        ┌─────┐
  │     │        │     │
  │  2  │        │  3  │
  │     │        │     │
  └─────┘        └─────┘
         ┌─────┐
         │     │
         │  1  │
         │     │
         └─────┘
  ┌─────┐        ┌─────┐
  │     │        │     │
  │  5  │        │  4  │
  │     │        │     │
  └─────┘        └─────┘
```

Die Bedeutung der Plätze:

1) Mein größtes, beruflich nutzbares Talent
2) Das berufliche Umfeld, in dem ich mich am besten entfalten kann
3) Was mich in der beruflichen Entfaltung eher hemmen würde
4) Mein beruflicher Ehrgeiz
5) Mein Ziel, das zu einem erfüllenden Beruf verhilft

Bei Benutzung der Tarotkarten anschließend die Quintessenz ziehen (siehe S. 4).

Zusatzdeutung bei 36-er Kartendecks wie Kipper, Lenormand oder Zigeuner-Wahrsagekarten:

2-1-5 = Ein Weg, meinem beruflichen Ziel näher zu kommen
3-1-4 = Woran ich arbeiten sollte, um berufliche Erfüllung zu finden

Selbstverwirklichung

Ein Legesystem für alle, die mit dem Gedanken spielen, sich beruflich selbstständig zu machen.

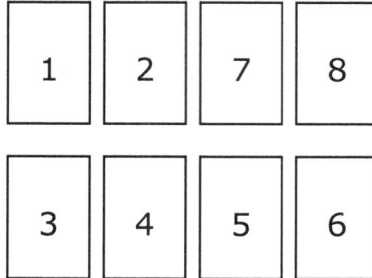

1	2	7	8
3	4	5	6

Die Bedeutung der Plätze:

1) Das möchte ich
2) Das spricht für die Umsetzung meines Plans
3) Das spricht dagegen
4) Das sagt meine innere Stimme dazu
5) Das muss ich für die geplante Selbstständigkeit noch lernen
6) Dieses soll ich für den Start in eine Selbstständigkeit beachten, weil es Auswirkungen auf meine Finanzen hat
7) Auf diese Weise kann ich vorgehen, um meinen Wunsch zu verwirklichen
8) Das ist das Ziel, das ich mir als nächstes setzen soll

Bei Benutzung der Tarotkarten anschließend die Quintessenz ziehen (siehe S. 4).

Zusatzdeutung bei 36-er Kartendecks wie Kipper, Lenormand oder Zigeuner-Wahrsagekarten:
3-4-5-6 = Vorbereitungen und Lernerfahrungen, die wichtig sind
1-2-7-8 = Der Weg in die Selbstständigkeit (der auch gegen eine Verwirklichung zum jetzigen Zeitpunkt sprechen kann)

Ein Legesystem, wenn es um Weiterbildungen geht.

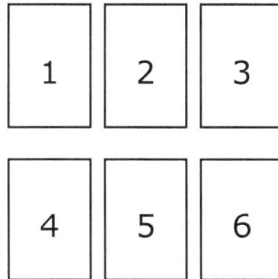

1	2	3
4	5	6

Die Bedeutung der Plätze:

1) Das Ziel meiner Weiterbildung
2) Die Grundlage, die ich dafür mitbringe
3) Welchen Einsatz das von mir erfordert
4) Was ich für die Weiterbildung aufgeben muss
5) Die Chance, die sich mir durch die Weiterbildung bietet
6) Wie es weiter geht

Bei Benutzung der Tarotkarten anschließend die Quintessenz ziehen (siehe S. 4).

Zusatzdeutung bei 36-er Kartendecks wie Kipper, Lenormand oder Zigeuner-Wahrsagekarten:
1-2-3 = Was mir die geplante Weiterbildung kurzfristig bringt
4-5-6 = Wie sich das Vorhaben langfristig entwickelt

Startloch

für Arbeitssuchende, vor dem Erwerb von Eigentum und bei Umzugsplänen (am besten geeignet für eine Legung mit Tarotkarten).

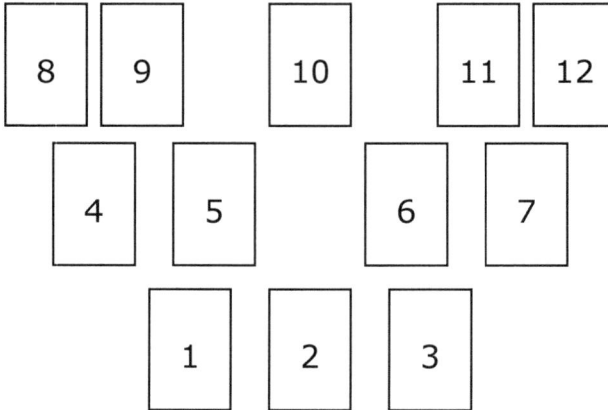

8	9	10	11	12

4	5	6	7

1	2	3

Die Bedeutung der Plätze:

a)

Situationsanalyse

1) Das ist meine Situation
2) Das traue ich mir derzeit zu, das kann ich
3) Das fehlt mir noch, da muss ich aktiv werden

b)

Himmelsrichtungen, vom Wohnort aus gesehen, die Erfolg ver-sprechend sind. Da sollte man verstärkt nach Wohnungen oder Firmen suchen.

4) Das spricht für die südliche Richtung
5) Das spricht für die nördliche Richtung
6) Das spricht für die östliche Richtung
7) Das spricht für die westliche Richtung

c)
Weiteres Vorgehen

8) Dafür ist jetzt die Zeit günstig
9) In dem Bereich kann ich guten Gewissens einen Kompromiss eingehen
10) Hier sollte ich jedoch keine Abstriche machen
11) Damit kann ich die Zeit bis zum Erfolg sinnvoll nutzen
12) Diese Idee ist es wert, dass ich darüber nachdenken

Bei Benutzung der Tarotkarten anschließend die Quintessenz ziehen (siehe S. 4).

Zusatzdeutung bei 36-er Kartendecks wie Kipper, Lenormand oder Zigeuner-Wahrsagekarten: Keine weitere Zusatzdeutung!

Karriereleiter

Für Situationen, wo man etwas Bestimmtes erreichen möchte, sei dies beruflich oder persönlich.

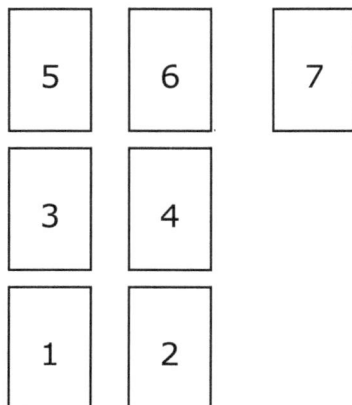

5	6	7
3	4	
1	2	

Die Bedeutung der Plätze:

1) An dieser Stelle stehe ich jetzt
2) Das strebe ich an
3) Das spricht für mein Vorhaben
4) Das spricht gegen mein Vorhaben
5) Das ist meine Lösung, der beste Weg für mich
6) Das muss ich noch lernen
7) Das werde ich als nächstes erreichen

Bei Benutzung der Tarotkarten anschließend die Quintessenz ziehen (siehe S. 4).

Zusatzdeutung bei 36-er Kartendecks wie Kipper, Lenormand oder Zigeuner-Wahrsagekarten:

1-3-5 = Eine Erfolg versprechende Richtung
2-4-6 = Hindernisse, die ich überwinden muss
5-6-7 = So geht es weiter

Klimaforschung

Wenn man sich mit seiner Umgebung unwohl fühlt, irgendwo dicke Luft herrscht oder Unausgesprochenes schwingt, z.B. Betriebsklima, aber auch privates Umfeld, Ehe, Nachbarschaft usw.

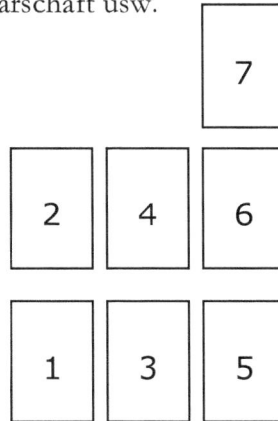

```
                      ┌─────┐
                      │     │
                      │  7  │
                      │     │
                      └─────┘
        ┌─────┐ ┌─────┐ ┌─────┐
        │     │ │     │ │     │
        │  2  │ │  4  │ │  6  │
        │     │ │     │ │     │
        └─────┘ └─────┘ └─────┘
        ┌─────┐ ┌─────┐ ┌─────┐
        │     │ │     │ │     │
        │  1  │ │  3  │ │  5  │
        │     │ │     │ │     │
        └─────┘ └─────┘ └─────┘
```

Die Bedeutung der Plätze:

1) So fühle ich mich in meinem Umfeld
2) So stehe ich zu den Menschen, die mein Umfeld prägen
3) Dieses Klima herrscht vor
4) Das ist die Ursache für dieses Klima
5) Das kann ich tun, um das Klima zu verbessern
6) Diese Konsequenz soll ich aus meiner Situation ziehen, diese Entscheidung soll ich treffen
7) So geht es weiter

Bei Benutzung der Tarotkarten anschließend die Quintessenz ziehen (siehe S. 4).

Zusatzdeutung bei 36-er Kartendecks wie Kipper, Lenormand oder Zigeuner-Wahrsagekarten:

1-3-5 = Womit ich mich auseinander setzen soll
2-4-6 = Welche Entscheidung ich treffen kann
5-6-7 = Was die Zukunft bringt

Selbstvermarktung

Ein Legesystem, das zeigt, wie man sich und seine Fähigkeiten am besten darstellen kann. Wichtig z.B. vor Bewerbungsgesprächen, für Selbstständige und Freiberufler oder in schwierigen Gesprächen.

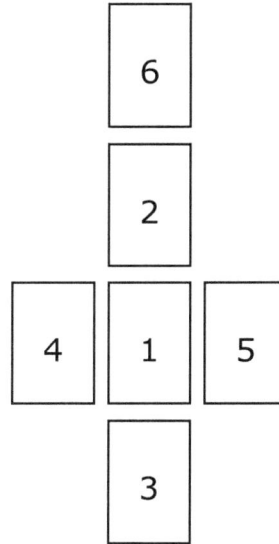

```
              ┌───┐
              │ 6 │
              └───┘
              ┌───┐
              │ 2 │
              └───┘
      ┌───┐ ┌───┐ ┌───┐
      │ 4 │ │ 1 │ │ 5 │
      └───┘ └───┘ └───┘
              ┌───┐
              │ 3 │
              └───┘
```

Die Bedeutung der Plätze:
1) Das bin ich mit meinen Fähigkeiten
2) So soll ich auftreten, mich zeigen
3) Diese innere Einstellung ist für mich bedeutsam
4) Darauf soll ich mich vorbereiten
5) Diese Stärke von mir soll ich einsetzen
6) Das erreiche ich dann

Bei Benutzung der Tarotkarten anschließend die Quintessenz ziehen (siehe S. 4).

Zusatzdeutung bei 36-er Kartendecks wie Kipper, Lenormand oder Zigeuner-Wahrsagekarten:
4-1-5 = Was jetzt wichtig wird
3-1-2-6 = Was ich erreichen kann

Neue Wege

Ein Legesystem für Fragen zur beruflichen Weiterentwicklung und wenn man mit der derzeitigen, beruflichen Situation unzufrieden ist.

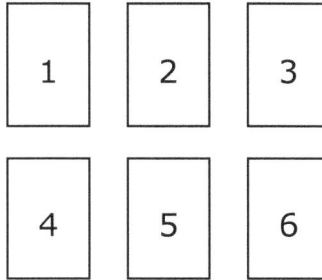

```
┌─────┐  ┌─────┐  ┌─────┐
│     │  │     │  │     │
│  1  │  │  2  │  │  3  │
│     │  │     │  │     │
└─────┘  └─────┘  └─────┘

┌─────┐  ┌─────┐  ┌─────┐
│     │  │     │  │     │
│  4  │  │  5  │  │  6  │
│     │  │     │  │     │
└─────┘  └─────┘  └─────┘
```

Die Bedeutung der Plätze:

1) Das ist meine berufliche Situation
2) So stelle ich mir die berufliche Zukunft vor, wenn alles so bleibt wie es ist
3) Das ist meine Vision, das möchte ich beruflich gern erreichen
4) Das muss ich tun, damit sich meine beruflichen Wünsche erfüllen
5) Dieses Ziel für die Zukunft soll ich mir jetzt setzen
6) Das ist die nächste Erfahrung, die mir weiterhilft

Bei Benutzung der Tarotkarten anschließend die Quintessenz ziehen (siehe S. 4).

Zusatzdeutung bei 36-er Kartendecks wie Kipper, Lenormand oder Zigeuner-Wahrsagekarten:
1-2-3 = Die angestrebte Veränderung
4-5-6 = Die weitere Entwicklung

Moneymaker

Ein Legesystem, das Hinweise für einen besseren Umgang mit Geld und Werten gibt.

```
┌─────┬─────┐
│  5  │  6  │
├─────┼─────┤
│  3  │  4  │
├─────┼─────┤
│  1  │  2  │
└─────┴─────┘
```

Die Bedeutung der Plätze:

1) Die Finanzen – meine finanzielle Situation
2) Das Muster – diese innere Einstellung (unbewusst) habe ich zu Geld
3) Die Minderung – Darauf soll ich bei meinen Geldausgaben achten
4) Die Mehrung – Das kann ich tun, um meine Einnahmen zu erhöhen
5) Der Reichtum – Das stärkt mein Bewusstsein für die Fülle, die mich umgibt
6) Der Segen – Diese nächste Erfahrung hilft mir weiter

Bei Benutzung der Tarotkarten anschließend die Quintessenz ziehen (siehe S. 4).

Zusatzdeutung bei 36-er Kartendecks wie Kipper, Lenormand oder Zigeuner-Wahrsagekarten:

1-2 = Die finanzielle Einstellung
3-4 = Was zu tun ist
5-6 = Was mir einen besseren Umgang mit Werten ermöglicht

Der Preis

Ein Legesystem, um größere Anschaffungen zu hinterfragen.

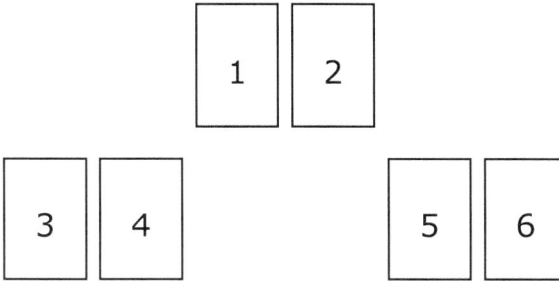

```
        ┌───┐┌───┐
        │ 1 ││ 2 │
        │   ││   │
        └───┘└───┘
┌───┐┌───┐        ┌───┐┌───┐
│ 3 ││ 4 │        │ 5 ││ 6 │
│   ││   │        │   ││   │
└───┘└───┘        └───┘└───┘
```

Die Bedeutung der Plätze:
1) Das will ich haben
2) Diesen Wert hat es für mich
3) Das sagen meine Finanzen dazu
4) Das ist der tatsächliche Wert des Gewünschten
5) Was ich tun soll
6) Eine Überraschung

Bei Benutzung der Tarotkarten anschließend die Quintessenz ziehen (siehe S. 4).

Zusatzdeutung bei 36-er Kartendecks wie Kipper, Lenormand oder Zigeuner-Wahrsagekarten:
1-2 = Was das Gewünschte mir bringen soll
3-4 = Der finanzielle Aspekt
5-6 = Eine überraschende Entwicklung

Der Sparstrumpf

Ein Legesystem, bei dem es um das Sparen geht, sei es als Rücklage für größere Anschaffungen oder aus Notwendigkeit.

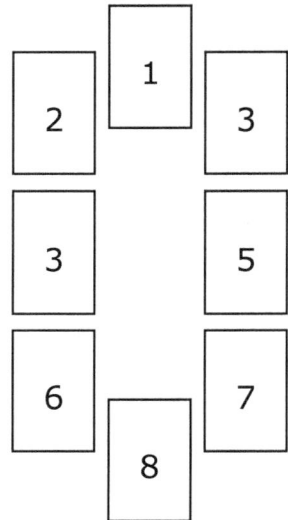

Die Bedeutung der Plätze:

1) Meine finanzielle Situation
2) Das soll ich tun
3) Das soll ich vermeiden
4) Das unterstützt mich in meinem Sparwillen
5) Das hindert mich, mein Sparziel zu erreichen
6) Das soll ich mir zum Ziel setzen
7) Ein kleiner Schritt, der meinen Erfolg entscheidet
8) Dieses Gefühl entsteht, wenn ich mein Sparziel erreicht habe

Bei Benutzung der Tarotkarten anschließend die Quintessenz ziehen (siehe S. 4).

Zusatzdeutung bei 36-er Kartendecks wie Kipper, Lenormand oder Zigeuner-Wahrsagekarten:

2-3-6 = Das Sparziel, das ich erreichen kann
3-5-7 = Die Überwindung von Hindernissen auf dem Weg zum Ziel
1-8 = Die Motivation

Auf Pump

Ein Legesystem, bei dem es um die Aufnahme von Bank-Krediten geht.

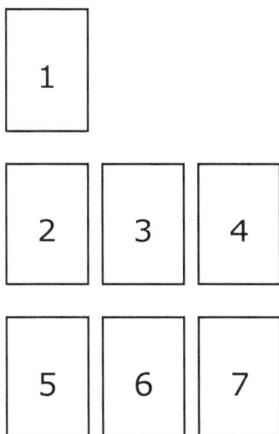

```
        ┌─────┐
        │  1  │
        └─────┘

┌─────┐ ┌─────┐ ┌─────┐
│  2  │ │  3  │ │  4  │
└─────┘ └─────┘ └─────┘

┌─────┐ ┌─────┐ ┌─────┐
│  5  │ │  6  │ │  7  │
└─────┘ └─────┘ └─────┘
```

Die Bedeutung der Plätze:

1) Meine Situation
2) Möglichkeiten, ohne diesen Kredit auszukommen
3) Die Sicherheiten, die ich für einen Kredit anbieten kann
4) Die Einstellung meiner Bank zu meinem Kreditantrag
5) Wie ich mich vorbereiten soll
6) Worauf ich achten muss
7) Wie sich alles entwickelt

Bei Benutzung der Tarotkarten anschließend die Quintessenz ziehen (siehe S. 4).

Zusatzdeutung bei 36-er Kartendecks wie Kipper, Lenormand oder Zigeuner-Wahrsagekarten:

2-3-4 = Der Kreditgeber
5-6-7 = Worauf ich mich einstellen soll
1-2-5 = Wie ich handeln soll

Der Goldtopf

Ein Legesystem, das auch ohne spezielle Frage funktioniert.

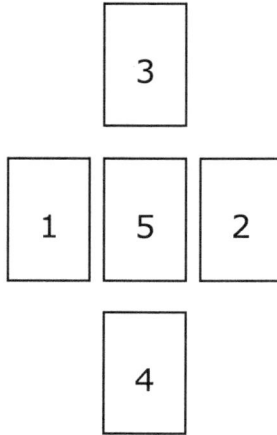

```
            ┌─────┐
            │  3  │
            └─────┘
   ┌─────┐ ┌─────┐ ┌─────┐
   │  1  │ │  5  │ │  2  │
   └─────┘ └─────┘ └─────┘
            ┌─────┐
            │  4  │
            └─────┘
```

Die Bedeutung der Plätze:

1) Meine finanzielle Situation
2) Was mir beim Umgang mit Geld und Werten hilft
3) Was ich für meine Sicherheit brauche
4) Wie ich das erreichen kann
5) Was meinen persönlichen Reichtum ausmacht

Bei Benutzung der Tarotkarten anschließend die Quintessenz ziehen (siehe S. 4).

Zusatzdeutung bei 36-er Kartendecks wie Kipper, Lenormand oder Zigeuner-Wahrsagekarten:
1-5-2 = Mein Wertempfinden
3-5-4 = Wie ich mir finanzielle Sicherheit schaffen kann

Das Stopfloch

Ein Legesystem für Situationen, in denen das Geld scheinbar durch die Finger rinnt.

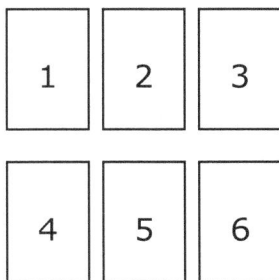

```
┌─────┐ ┌─────┐ ┌─────┐
│     │ │     │ │     │
│  1  │ │  2  │ │  3  │
│     │ │     │ │     │
└─────┘ └─────┘ └─────┘

┌─────┐ ┌─────┐ ┌─────┐
│     │ │     │ │     │
│  4  │ │  5  │ │  6  │
│     │ │     │ │     │
└─────┘ └─────┘ └─────┘
```

Die Bedeutung der Plätze:
1) So sehen meine Finanzen am Ende des Monats aus
2) Das ist das Loch, durch das mein Geld rinnt
3) Diesen Wert habe ich davon
4) Das will ich jetzt ändern
5) So kann ich es erreichen
6) Diesen Gewinn bringt es mir

Bei Benutzung der Tarotkarten anschließend die Quintessenz ziehen (siehe S. 4).

Zusatzdeutung bei 36-er Kartendecks wie Kipper, Lenormand oder Zigeuner-Wahrsagekarten:
1-2-3 = Die Geldausgaben
4-5-6 = Die Korrektur, um einen Mehrwert zu bekommen

Gesundheit

Bitte beachten: Eine Kartenlegung kann immer nur ergänzende Hinweise für die Gesundheit geben. Sie ersetzt weder den Arzt oder Heilpraktiker, noch eine gesundheitlich notwendige Maßnahme.

> *Gesund sein*
> *Gesundheit ist das harmonische Zusammenspiel*
> *von Körper, Seele und Geist*

Gesundheitscheck

Ein Legesystem, um Hinweise für das gesunde Gleichgewicht von Körper, Seele und Geist zu bekommen.

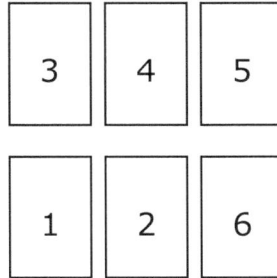

3	4	5
1	2	6

Die Bedeutung der Plätze:
1) So steht es derzeit um meine Gesundheit
2) Dies soll ich vermeiden, weil es meine Gesundheit schädigt
3) Das braucht mein Körper, um leistungsfähig zu bleiben oder zu werden
4) Das brauche ich als gesundheitsförderne Nahrung für meine geistige Verfassung
5) Diese Nahrung braucht meine Seele
6) Das verbessert meine gesamte Konstitution

Bei Benutzung der Tarotkarten anschließend die Quintessenz ziehen (siehe S. 4).

Zusatzdeutung bei 36-er Kartendecks wie Kipper, Lenormand oder Zigeuner-Wahrsagekarten:
3-4-5 = Was für ein gesundes Gleichgewicht gebraucht wird
1-2-6 = Was der Gesundheit jetzt förderlich ist

Chronisch

Ein Legesystem, das die (seelischen) Ursachen von wiederkehrenden Leiden hinterfragt, wie z.B. Migräne, Rückenbeschwerden usw.

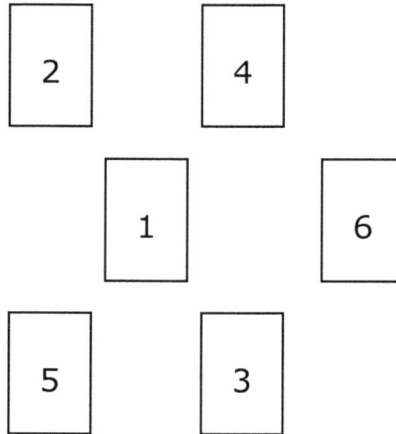

```
  ┌─────┐      ┌─────┐
  │  2  │      │  4  │
  └─────┘      └─────┘

     ┌─────┐      ┌─────┐
     │  1  │      │  6  │
     └─────┘      └─────┘

  ┌─────┐      ┌─────┐
  │  5  │      │  3  │
  └─────┘      └─────┘
```

Die Bedeutung der Plätze:
1) Diese Ursache für mein Leiden ist mir bereits bekannt
2) Diese Ursache für mein Leiden ist mir nicht bewusst
3) Was meine Beschwerden immer wieder auslöst
4) Welchen Nutzen mir mein Leiden bringt
5) Wie ich diesen Nutzen auch ohne Leid bekommen kann
6) Wie ich mein Leiden vermindern und eventuell auflösen kann

Bei Benutzung der Tarotkarten anschließend die Quintessenz ziehen (siehe S. 4).

Zusatzdeutung bei 36-er Kartendecks wie Kipper, Lenormand oder Zigeuner-Wahrsagekarten:
2-1-3 = Die Ursache der gesundheitlichen Beschwerden
4-1-5 = Hinweis zur Veränderung der Lebensführung
1-6 = Gesundheitsfördernde Maßnahmen

Die Kraft

Ein Legesystem, das Hinweise gibt, wie die Lebensenergie gestärkt werden kann.

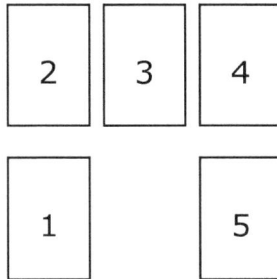

```
┌─────┐ ┌─────┐ ┌─────┐
│     │ │     │ │     │
│  2  │ │  3  │ │  4  │
│     │ │     │ │     │
└─────┘ └─────┘ └─────┘

┌─────┐         ┌─────┐
│     │         │     │
│  1  │         │  5  │
│     │         │     │
└─────┘         └─────┘
```

Die Bedeutung der Plätze:

1) So steht es derzeit um meine Lebensenergie
2) Das soll ich für mein seelisches Wohlbefinden tun
3) Das soll ich für mein körperliches Wohlbefinden tun
4) Diesen Interessen soll ich nachgeben, weil es mir gut tut
5) Auf diese Kraft kann ich immer wieder zurückgreifen

Bei Benutzung der Tarotkarten anschließend die Quintessenz ziehen (siehe S. 4).

Zusatzdeutung bei 36-er Kartendecks wie Kipper, Lenormand oder Zigeuner-Wahrsagekarten:
2-3-4 = Das kann ich für mein Wohlbefinden tun
1-5 = Diese Kraft soll ich in mir aktivieren

Zipperlein

Ein Legesystem, das den nachlassenden Kräften der Älterwerdenden gewidmet ist.

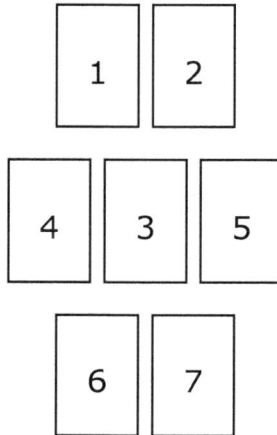

```
┌───┐ ┌───┐
│ 1 │ │ 2 │
└───┘ └───┘

┌───┐ ┌───┐ ┌───┐
│ 4 │ │ 3 │ │ 5 │
└───┘ └───┘ └───┘

┌───┐ ┌───┐
│ 6 │ │ 7 │
└───┘ └───┘
```

Die Bedeutung der Plätze:

1) Diese Energie hatte ich in jungen Jahren
2) So zeigt sich diese Energie heute
3) Diese geistige Einstellung zu meinen Kräften hilft mir weiter
4) Das stärkt meine Körperenergie
5) So kann ich mich geistig fit halten
6) Darauf soll ich achten, um meine Gesundheit zu stärken
7) Das hilft mir zu einem gelassenen Umgang mit mir selbst

Bei Benutzung der Tarotkarten anschließend die Quintessenz ziehen (siehe S. 4).

Zusatzdeutung bei 36-er Kartendecks wie Kipper, Lenormand oder Zigeuner-Wahrsagekarten:

1-2 = Mein derzeitiger Kräftehaushalt
6-7 = Wie ich mit mir selbst umgehen soll
4-3-5 = Wie ich meine Kräfte stärken kann

Wasser und Brot

Ein Legesystem, bei dem es um die gesunde Ernährung geht.

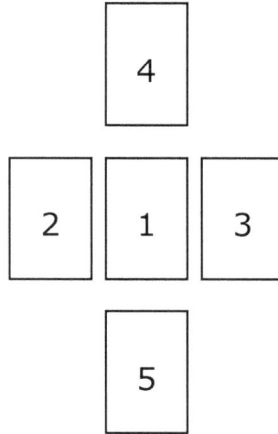

```
          ┌─────┐
          │  4  │
          └─────┘
┌─────┐ ┌─────┐ ┌─────┐
│  2  │ │  1  │ │  3  │
└─────┘ └─────┘ └─────┘
          ┌─────┐
          │  5  │
          └─────┘
```

Die Bedeutung der Plätze:
1) Dieses Essverhalten habe ich derzeit
2) Das soll ich vermeiden, weil es für mich ungesund ist
3) Darauf soll ich bei meiner Ernährung achten
4) So kann ich mein Körpergewicht regulieren
5) Das ist ein Ratschlag für mich

Bei Benutzung der Tarotkarten anschließend die Quintessenz ziehen (siehe S. 4).

Zusatzdeutung bei 36-er Kartendecks wie Kipper, Lenormand oder Zigeuner-Wahrsagekarten:
2-1-3 = Der Weg zu einer gesünderen Ernährung
4-1-5 = Wie das Wohlfühlgewicht gehalten oder erreicht werden kann

Heilsam

Ein Legesystem, wenn es um die Wahl von Arzt, oder Heilpraktiker, oder um verschiedene, Erfolg versprechende Heilmethoden geht.

```
┌─────┐
│     │
│  1  │
│     │
└─────┘

┌─────┐
│     │
│  2  │
│     │
└─────┘

┌─────┐
│     │
│  3  │
│     │
└─────┘
```

Für jede Person oder Methode wird nach diesem Schema ausgelegt. Danach werden die Reihen verglichen, um das derzeit Bestmögliche zu wählen.

Die Bedeutung der Plätze:
1) Was dafür spricht
2) Was dagegen spricht
3) Der heilsame Nutzen für mich

Bei Benutzung der Tarotkarten anschließend die Quintessenz ziehen (siehe S. 4).

Zusatzdeutung bei 36-er Kartendecks wie Kipper, Lenormand oder Zigeuner-Wahrsagekarten: Alle drei Karten von oben nach unten lesen.

Heilkraft

Ein Legesystem, um im Krankheitsfalle zur Unterstützung der ärztlichen Heilbehandlung innere Heilkräfte zu aktivieren, die den Genesungsprozess fördern.

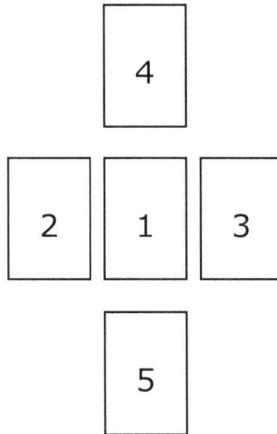

```
        ┌─────┐
        │  4  │
        └─────┘
┌─────┐ ┌─────┐ ┌─────┐
│  2  │ │  1  │ │  3  │
└─────┘ └─────┘ └─────┘
        ┌─────┐
        │  5  │
        └─────┘
```

Die Bedeutung der Plätze:

1) Meine innere Heilkraft
2) Welche innere Einstellung meinen Genesungsprozess fördert
3) Was ich konkret tun kann, um die Genesung voran zu treiben
4) Die Geduld, die ich brauche
5) Was meine Selbstheilungskräfte in Gang setzt

Bei Benutzung der Tarotkarten anschließend die Quintessenz ziehen (siehe S. 4).

Zusatzdeutung bei 36-er Kartendecks wie Kipper, Lenormand oder Zigeuner-Wahrsagekarten:
2-1-3 = Was mir für meinen Genesungsprozess zur Verfügung steht
4-1-5 = Der Weg, um die Selbstheilungskräfte zu entfalten

Die Schwachstelle

Ein Legesystem, das ein Augenmerk auf gesundheitliche Schwachstellen legt.

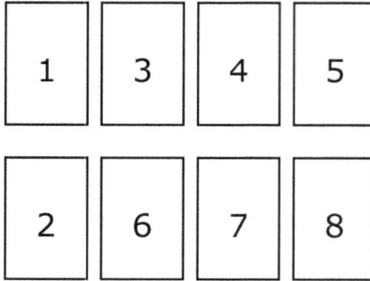

```
┌───┐ ┌───┐ ┌───┐ ┌───┐
│ 1 │ │ 3 │ │ 4 │ │ 5 │
└───┘ └───┘ └───┘ └───┘

┌───┐ ┌───┐ ┌───┐ ┌───┐
│ 2 │ │ 6 │ │ 7 │ │ 8 │
└───┘ └───┘ └───┘ └───┘
```

Die Bedeutung der Plätze:
1) Meine körperliche Konstitution
2) Meine psychische Konstitution
3) Diese Lebensweise ist langfristig schädlich für mich
4) Bei was ich lernen soll, „Nein" zu sagen
5) Welches Leitbild ich für eine gesunde Lebensweise brauche
6) Wiederkehrende psychische Belastungen, die auf Dauer gesehen, meine körperliche Gesundheit angreifen können
7) Wie ich diese Belastungen vermeiden oder abschwächen kann
8) Wie ich meine Belastbarkeit allgemein stärken kann

Bei Benutzung der Tarotkarten anschließend die Quintessenz ziehen (siehe S. 4).

Zusatzdeutung bei 36-er Kartendecks wie Kipper, Lenormand oder Zigeuner-Wahrsagekarten:
1-3-4-5 = Konkrete Ziele für eine gesunde Lebensführung
2-6-7-8 = Ein Weg, um die Psyche zu stärken

Selbsterfahrung

> ## Die Überzeugung
> *Überzeugungen prägen das Leben.*
> *Erwarte Gutes.*

Lebensweg

Ein Legesystem, das keine Fragen braucht.

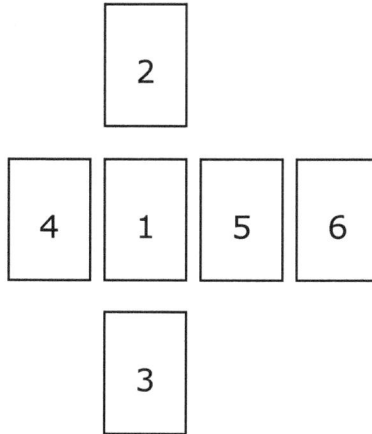

```
              ┌─────┐
              │     │
              │  2  │
              │     │
              └─────┘
┌─────┐┌─────┐┌─────┐┌─────┐
│     ││     ││     ││     │
│  4  ││  1  ││  5  ││  6  │
│     ││     ││     ││     │
└─────┘└─────┘└─────┘└─────┘
              ┌─────┐
              │     │
              │  3  │
              │     │
              └─────┘
```

Die Bedeutung der Plätze:
1) So sehe ich mich jetzt
2) So sehen mich andere
3) So will ich sein
4) Das ist meine wahre Natur
5) Das soll ich noch lernen
6) Zu dieser Person werde ich mich entwickeln

Bei Benutzung der Tarotkarten anschließend die Quintessenz ziehen (siehe S. 4).

Zusatzdeutung bei 36-er Kartendecks wie Kipper, Lenormand oder Zigeuner-Wahrsagekarten: Keine weiterführende Deutung!

Karma

Ein Legesystem, das keine Fragen braucht

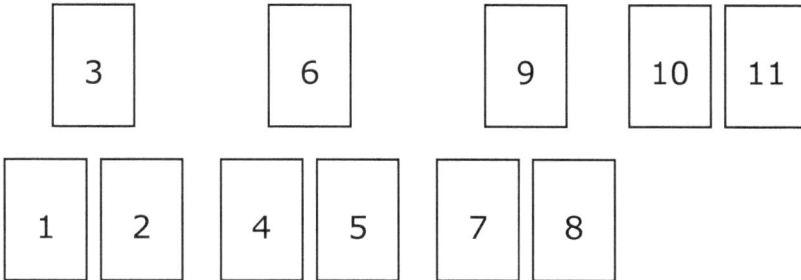

3	6	9	10	11

1	2	4	5	7	8

Die Bedeutung der Plätze:

1) Diese Erfahrung habe ich in früheren Leben gemacht
2) Das habe ich gelernt, so dass es mir jetzt nützt
3) Das ist noch ungelöst, ich muss weiter daran arbeiten
4) Dieses Versprechen habe ich einst gegeben
5) So beeinflusst es mein jetziges Leben
6) So kann ich mein Versprechen lösen
7) Diese Blockade stammt aus einem früheren Leben
8) Das ist die Ursache
9) So kann ich mich davon befreien
10) Das soll ich jetzt lernen, um weiter zu kommen
11) Das ist das Ziel meiner Erfahrungen

Bei Benutzung der Tarotkarten anschließend die Quintessenz ziehen (siehe S. 4).

Zusatzdeutung bei 36-er Kartendecks wie Kipper, Lenormand oder Zigeuner-Wahrsagekarten:

1-2-3 = Erlebnisse in früheren Leben

4-5-6 = Versprechen, die noch wirken und gelöst werden müssen

7-8-9 = Blockaden aus alter Zeit, die jetzt bearbeitet werden können

3-6-9-10-11 = Die Richtung, die man in diesem Leben gehen soll

Phönix

Ein Legesystem, das keine Fragen braucht.

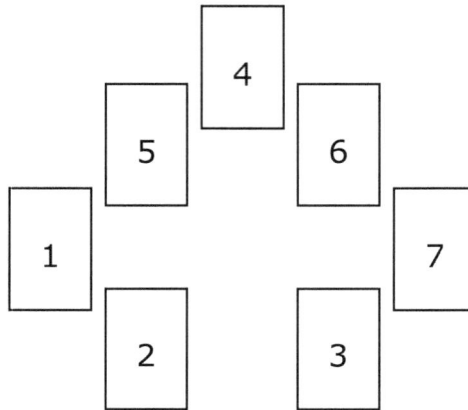

Die Bedeutung der Plätze:

1) Phönix – was losgelassen und verändert werden soll, bzw. was reif zur Veränderung ist
2) Palme – welche Richtung du bewusst einschlagen sollst: die Ziele
3) Nest aus Kräutern – was jetzt konkret in Angriff genommen werden kann
4) Sonne – was dann seinen Lauf nimmt
5) Phönix singt – wie du dich innerlich am besten darauf einstellen kannst
6) Asche – Auf welche Erfahrungen du zurückgreifen kannst, um die Entwicklung zu fördern
7) neugeborener Phönix – was dabei heraus kommt

Bei Benutzung der Tarotkarten anschließend die Quintessenz ziehen (siehe S. 4).

Zusatzdeutung bei 36-er Kartendecks wie Kipper, Lenormand oder Zigeuner-Wahrsagekarten:

2-3 = Was zu tun ist, um auf dem Entwicklungsweg weiter zu kommen

5-4-6 = Themen, die jetzt anstehen

1-7 = Das neue Ich

Die Geschichte vom Phönix:

In Arabien und Ägypten erzählt man sich die Sage von einem prächtigen Vogel mit golden schimmerndem Kopf und einem Federkleid in flammenden Farben von glutrot, lavendel, gold und blau. Er war das einzige Wesen seiner Art, dereinst geboren und wiedergeboren aus Feuer. Dieser Vogel hieß Phönix.

Wenn er fühlte, dass sein Leben sich dem Ende zuneigte, flog Phönix auf die höchste Palme in der arabischen Wüste und baute darauf in einer einzigen Nacht ein Nest aus aromatischen Harzen und Gewürzen. Beim ersten Glanz der Morgendämmerung fing er an zu singen und zog so mit seinem Gesang die Sonne auf ihre Bahn. Sein Lied ertönte unerschütterlich weiter, während die Sonnenstrahlen sein Nest in Brand setzten und seine leuchtenden Federn verzehrten.

So starb Vogel Phönix - unter Schmerzen, inmitten von Wohlgerüchen, im Licht des anbrechenden Tages. Doch als der duftende Rauch verzogen war, geschah ein Wunder: In der Asche begann sich etwas zu regen, und erneuert und schöner als je stieg Vogel Phönix daraus empor. Sein Tod hatte ihm neues Leben geschenkt.

Energielegung

Ein Legesystem, das keine Fragen braucht.

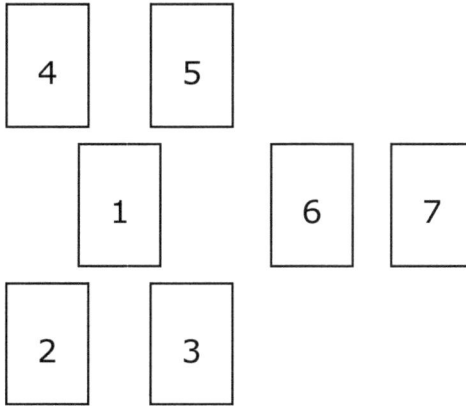

```
  ┌───┐   ┌───┐
  │ 4 │   │ 5 │
  └───┘   └───┘
     ┌───┐      ┌───┐  ┌───┐
     │ 1 │      │ 6 │  │ 7 │
     └───┘      └───┘  └───┘
  ┌───┐   ┌───┐
  │ 2 │   │ 3 │
  └───┘   └───┘
```

Die Bedeutung der Plätze

1) Die Bestandsaufnahme - So steht es um mich
2) Das Vergangene - Das war vor kurzem
3) Das Zukünftige - Dieser Weg liegt noch vor mir
4) Die Energiezufuhr - Diese Kraftquelle steht mir zur Verfügung
5) Das Energieleck - Das soll ich weniger wichtig nehmen (weil dadurch Energie abgezogen wird)
6) Die Vorfreude - Darauf kann ich mich freuen
7) Der Jungbrunnen - Das wird meine Lebensenergie stärken

Bei Benutzung der Tarotkarten anschließend die Quintessenz ziehen (siehe S. 4).

Zusatzdeutung bei 36-er Kartendecks wie Kipper, Lenormand oder Zigeuner-Wahrsagekarten:

1-2-3 = Die Gegenwart
1-4-5 = Das nimmt Energie
1-6-7 = Das bringt Energie

Ein Legesystem, das keine Fragen braucht.

```
        ┌─────┐
        │     │
        │  3  │
        │     │
        └─────┘
┌─────┐ ┌─────┐ ┌─────┐
│     │ │     │ │     │
│  1  │ │  2  │ │  5  │
│     │ │     │ │     │
└─────┘ └─────┘ └─────┘
        ┌─────┐
        │     │
        │  4  │
        │     │
        └─────┘
```

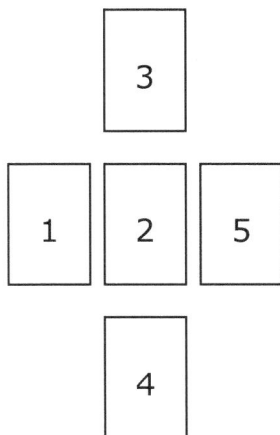

Die Bedeutung der Plätze:

1) Die Prägung - Meine Situation in der Gegenwart
2) Die Meisterschaft – stärkende, vergangene Erfahrungen
3) Die Hemmung – hemmende, vergangene Erfahrungen
4) Die Aufgabe - Die Lernaufgabe in der Gegenwart
5) Die Ernte - Meine nächstes Ergebnis

Bei Benutzung der Tarotkarten anschließend die Quintessenz ziehen (siehe S. 4).

Zusatzdeutung bei 36-er Kartendecks wie Kipper, Lenormand oder Zigeuner-Wahrsagekarten:
1-2-5 = Was sich entwickelt
3-2-4 = Die nächsten Lernschritte

Ich

Ein Legesystem, das keine Fragen braucht. Für Zeiten, in denen der Selbstwert wichtiger wird.

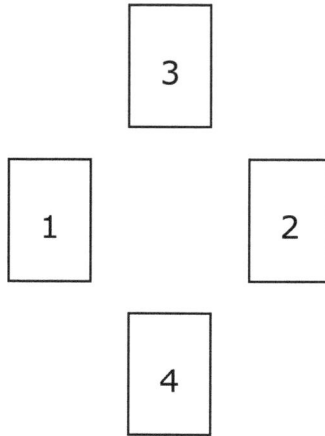

```
        ┌─────┐
        │     │
        │  3  │
        │     │
        └─────┘
┌─────┐         ┌─────┐
│     │         │     │
│  1  │         │  2  │
│     │         │     │
└─────┘         └─────┘
        ┌─────┐
        │     │
        │  4  │
        │     │
        └─────┘
```

Die Bedeutung der Plätze:
1) Das Ich - So stehe ich zu mir selbst
2) Der Eigenwert – Darauf kann ich stolz sein
3) Die Atempause – Dafür soll ich mir Zeit nehmen
4) Der Genuß - Das steht bereit, ich darf es genießen

Bei Benutzung der Tarotkarten anschließend die Quintessenz ziehen (siehe S. 4).

Zusatzdeutung bei 36-er Kartendecks wie Kipper, Lenormand oder Zigeuner-Wahrsagekarten:
1-2 = Diese, meine Leistung ist wertvoll
3-4 = Diese Entspannung steht mir zu

Die Vision

Legesystem, um Wünsche zu hinterfragen.

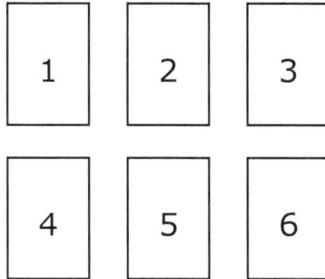

```
┌─────┐  ┌─────┐  ┌─────┐
│     │  │     │  │     │
│  1  │  │  2  │  │  3  │
│     │  │     │  │     │
└─────┘  └─────┘  └─────┘

┌─────┐  ┌─────┐  ┌─────┐
│     │  │     │  │     │
│  4  │  │  5  │  │  6  │
│     │  │     │  │     │
└─────┘  └─────┘  └─────┘
```

Die Bedeutung der Plätze:
1) Das ist meine Situation
2) Das wünsche ich mir, ob bewusst oder unbewusst
3) Das verhilft mir zur Zufriedenheit
4) Diese Vision kann in absehbarer Zeit Wirklichkeit werden
5) Dies ist der erste Schritt, den ich gehen muss
6) Dieses Ereignis bringt mich meinen wahren Wünschen näher

Bei Benutzung der Tarotkarten anschließend die Quintessenz ziehen (siehe S. 4).

Zusatzdeutung bei 36-er Kartendecks wie Kipper, Lenormand oder Zigeuner-Wahrsagekarten:
1-2-3 = Diese Chance bietet sich mir
1-4 = Das kommt bald
2-5 = Das kostet mich Mühe
3-6 = Das passiert, um mich auf den richtigen Weg zu bringen
4-5-6 = Diesen Erfolg werde ich erreichen

Schatzkiste

Legesystem um Fähigkeiten und Talente zu erkennen.

7	8	9
4	5	6
1	2	3

Die Bedeutung der Plätze:

1) Das bin ich in meiner jetzigen Situation
2) Diese Fähigkeit sehe ich selbst an mir
3) Diese Fähigkeit sehen Andere an mir
4) Dieses Talent ruht noch, ich habe es noch nicht beachtet
5) Das muss ich tun, um das ruhende Talent zu fördern
6) So kann ich mich am besten verwirklichen
7) Das ist für meinen Selbstwert wichtig
8) Das steht als nächstes an
9) Diese Überraschung kommt auf mich zu

Bei Benutzung der Tarotkarten anschließend die Quintessenz ziehen (siehe S. 4).

Zusatzdeutung bei 36-er Kartendecks wie Kipper, Lenormand oder Zigeuner-Wahrsagekarten:

1-2-3 = So wirke ich
4-5-6 = Das soll ich für mich selbst tun
7-8-9 = Das kommt auf mich zu

Zeitplan

Ein Legesystem, das auch ohne Fragestellung funktioniert.

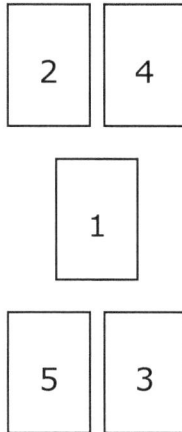

```
┌───┐ ┌───┐
│ 2 │ │ 4 │
└───┘ └───┘

   ┌───┐
   │ 1 │
   └───┘

┌───┐ ┌───┐
│ 5 │ │ 3 │
└───┘ └───┘
```

Die Bedeutung der Plätze:

1) So sieht mein Alltag aus
2) das fällt mir schwer
3) das soll ich besser organisieren (dann fällt Nr. 2 leichter)
4) wenn ich darauf achte, gewinne ich mehr Zeit
5) dieser Hinweis ist wichtig, um gesund und leistungsfähig zu bleiben

Bei Benutzung der Tarotkarten anschließend die Quintessenz ziehen (siehe S. 4).

Zusatzdeutung bei 36-er Kartendecks wie Kipper, Lenormand oder Zigeuner-Wahrsagekarten:
2-1-3 = Das muss ich besser in den Griff bekommen
4-1-5 = Das hilft mir, Zeit besser einzuteilen

Energielegung

Ein Legesystem, das den Kräftehaushalt und den Umgang damit hinterfragt.

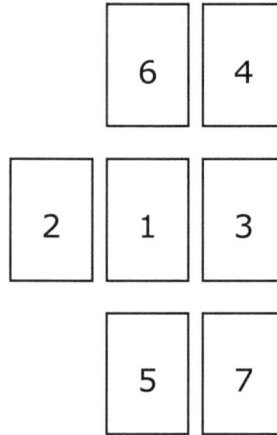

```
        ┌───┐┌───┐
        │ 6 ││ 4 │
        └───┘└───┘
┌───┐┌───┐┌───┐
│ 2 ││ 1 ││ 3 │
└───┘└───┘└───┘
        ┌───┐┌───┐
        │ 5 ││ 7 │
        └───┘└───┘
```

Die Bedeutung der Plätze:

1) So steht es z.Zt. um mich
2) Das war vor Kurzem
3) Dieser Weg liegt noch vor mir
4) Diese Kraftquelle steht mir immer zur Verfügung
5) Das sollte ich weniger wichtig nehmen
6) Darauf darf ich mich freuen
7) Das wird meine Lebensenergie weiter stärken

Bei Benutzung der Tarotkarten anschließend die Quintessenz ziehen (siehe S. 4).

Zusatzdeutung bei 36-er Kartendecks wie Kipper, Lenormand oder Zigeuner-Wahrsagekarten:

2-1-3 = Mein Weg

6-4 = Meine Stärke

5-7 = Die Überwindung meiner Schwäche

Talentsuche

Ein Legesystem, bei dem es um die Entwicklung von Fähigkeiten geht.

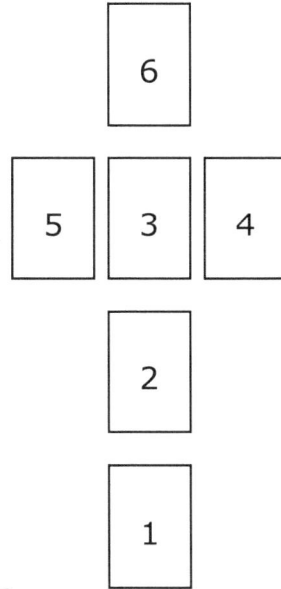

```
        ┌─────┐
        │  6  │
        └─────┘
┌─────┐ ┌─────┐ ┌─────┐
│  5  │ │  3  │ │  4  │
└─────┘ └─────┘ └─────┘
        ┌─────┐
        │  2  │
        └─────┘
        ┌─────┐
        │  1  │
        └─────┘
```

Die Bedeutung der Plätze:

1) Talente, die ich bereits entwickelt habe
2) Die Fähigkeit, die ich gerne hätte
3) Das Talent, das tatsächlich noch in mir schlummert
4) Wie ich dieses Talent entfalten kann
5) Verhaltensweisen, welche die Entfaltung meiner Fähigkeiten blockieren
6) Das Ereignis, durch das mein schlummerndes Talent sichtbar wird

Bei Benutzung der Tarotkarten anschließend die Quintessenz ziehen (siehe S. 4).

Zusatzdeutung bei 36-er Kartendecks wie Kipper, Lenormand oder Zigeuner-Wahrsagekarten: Keine weiterführende Deutung!

Königsweg

Ein Legesystem, das Klärung bringt, wenn man sich in bestimmten Angelegenheiten blockiert fühlt, oder immer wieder das Gleiche erlebt.

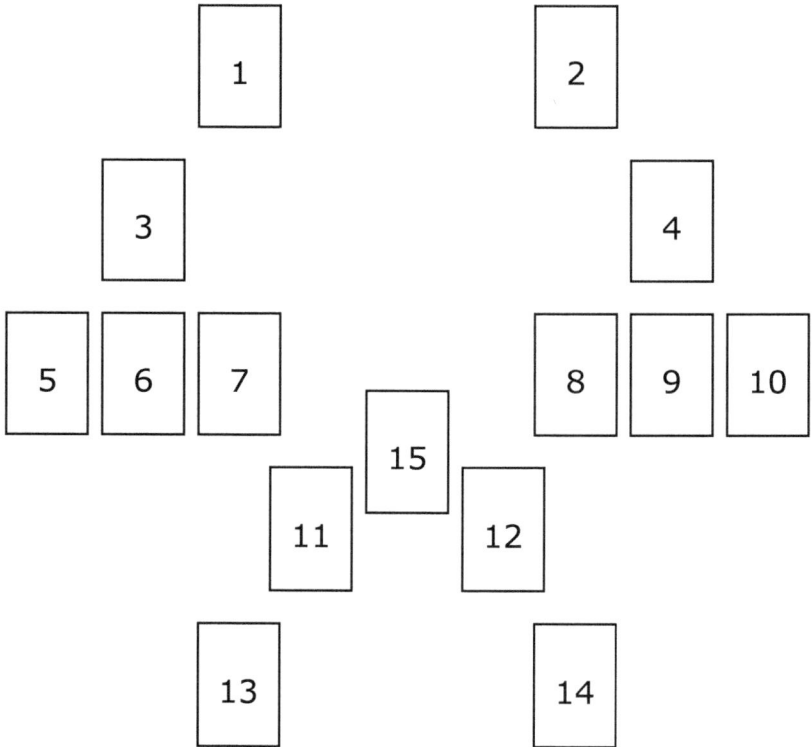

```
   [1]              [2]

[3]                    [4]

[5][6][7]      [8][9][10]
            [15]
       [11]      [12]

   [13]            [14]
```

Die Bedeutung der Plätze:

1) Thema
2) Wünsche in Bezug auf das Thema, das Ziel
3) Innere Blockaden, die eine Wunscherfüllung behindern

4) Äußere Blockaden, die eine Wunscherfüllung behindern
5) Ursache der inneren Blockade
6) Was die innere Blockade bewirkt, was man davon hat
7) Wie man die innere Blockade auflösen kann
8) Ursache der äußeren Blockade
9) Was die äußere Blockade bewirkt, was man davon hat
10) Wie man die innere Blockade auflösen kann
11) Der Weg des geringsten Widerstandes zum Ziel, Leitbild
12) Was losgelassen werden kann, was man nicht mehr braucht
13) Das nächste Ereignis im Zusammenhang mit dem Thema
14) Der weitere Verlauf
15) Der Ratschlag, der dir gegeben wird

Bei Benutzung der Tarotkarten anschließend die Quintessenz ziehen (siehe S. 4).

Zusatzdeutung bei 36-er Kartendecks wie Kipper, Lenormand oder Zigeuner-Wahrsagekarten (Wer möchte, kann die Einzeldeutung wegfallen lassen und ausschließlich in Kombination deuten):

1-2 = Problem
1-3 = Innere Hemmnisse
2-4 = Äußere Hemmnisse
3-5 = Tiefer wirkendes, seelisches Problem
3-6 = Der Nutzen der inneren Blockade
3-7 = Was die innere Blockade zum Verschwinden bringt
4-8 = Unerkannte Ursache der äußeren Blockade
4-9 = Wovor die äußere Blockade bewahrt
4-10 = Wie die Blockaden im Außen gelöst werden können
11-7-15 = Das Leitbild für die Zukunft
12-8-15 = Hinweise zur Veränderung
11-13 = Die nächste Erfahrung
12-14 = Der Ausblick in die Zukunft

Legung zu den Tierkreiszeichen

Für Legungen von Monat zu Monat, aber auch für zwischendurch.

Das Rad
Das Rad dreht sich fort und fort,
ohne Anfang und ohne Ende.

21.03.-20.04.

| 6 | 7 |

| 3 | 4 | 5 |

| 1 | 2 |

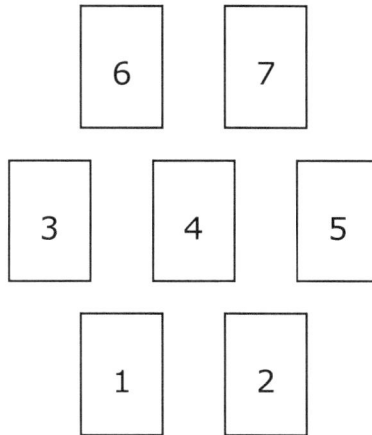

Die Bedeutung der Plätze:

1) Das will ich
2) So handle ich zur Zeit um es zu bekommen
3) Darauf soll ich mehr Rücksicht nehmen
4) Dieses Recht kann ich für mich beanspruchen
5) Das hilft mir, diese Ansprüche durchzusetzen
6) So geht es weiter
7) Das ist das voraussichtliche Ergebnis

Bei Benutzung der Tarotkarten anschließend die Quintessenz ziehen (siehe S. 4).

Zusatzdeutung bei 36-er Kartendecks wie Kipper, Lenormand oder Zigeuner-Wahrsagekarten:

1-2 = Gegenwart
3-4-5 = Empfohlene Handlungsweise
6-7 = Ergebnis

6	7	8

3	4	5

1	2

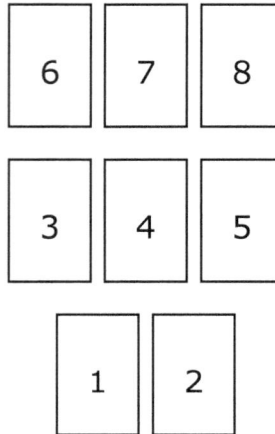

Die Bedeutung der Plätze:

1) So ist meine Situation
2) Das muss ich noch beenden / abschließen
3) In der Sache soll ich am Ball bleiben, da soll ich Ausdauer beweisen
4) Dieses Thema wird sich dagegen von alleine erledigen
5) Dafür kann ich mir jetzt mehr Zeit nehmen
6) Das gibt mir Sicherheit
7) So geht es als nächstes weiter
8) Mit diesem Ergebnis kann ich rechnen

Bei Benutzung der Tarotkarten anschließend die Quintessenz ziehen (siehe S. 4).

Zusatzdeutung bei 36-er Kartendecks wie Kipper, Lenormand oder Zigeuner-Wahrsagekarten:

1-2 = Was noch Aufmerksamkeit braucht
3-4-5 = Worauf ich mich konzentrieren soll
6-7-8 = Wie es weitergeht

21.05.-21.06.

```
        ┌─────┐
        │  1  │
        └─────┘
   ┌─────┐ ┌─────┐
   │  2  │ │  3  │
   └─────┘ └─────┘
   ┌─────┐ ┌─────┐
   │  4  │ │  5  │
   └─────┘ └─────┘
```

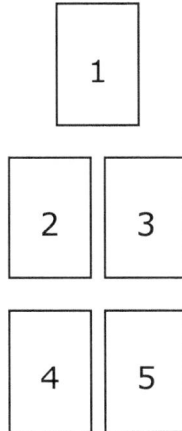

Die Bedeutung der Plätze:
1) Darum geht es
2) Diese Information ist wichtig
3) Diese Tatsache ist mir noch unbekannt
4) Darauf soll ich meine Gedanken lenken
5) Dieses Ereignis bringt mich weiter

Bei Benutzung der Tarotkarten anschließend die Quintessenz ziehen (siehe S. 4).

Zusatzdeutung bei 36-er Kartendecks wie Kipper, Lenormand oder Zigeuner-Wahrsagekarten:
1-2-4 = Worauf zu achten ist
1-3-5 = Die Überraschung

22.06.-22.07.

```
            ┌─────┐
            │  4  │
┌───┐┌───┐┌───┤     │
│ 1 ││ 2 ││ 3 └─────┘
│   ││   ││   ┌─────┐
└───┘└───┘└───┤  5  │
              │     │
              └─────┘
```

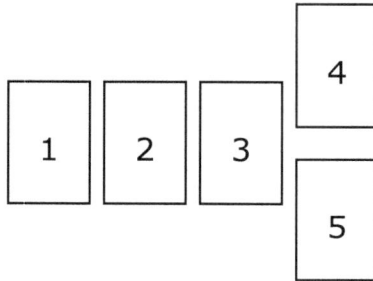

Die Bedeutung der Plätze:
1) Das ist mein familiäres Karma
2) Das habe ich in meiner Kindheit erlebt
3) Diese Auswirkungen hat das heute auf mich
4) Diese Gefühle muss ich noch aufarbeiten, um alte schädliche Muster aufzulösen
5) Dieses Lebensgefühl kann dann entstehen

Bei Benutzung der Tarotkarten anschließend die Quintessenz ziehen (siehe S. 4).

Zusatzdeutung bei 36-er Kartendecks wie Kipper, Lenormand oder Zigeuner-Wahrsagekarten:
1-2-3 = Prägungen aus der Kindheit
4-5 = Was zu tun ist, um eigenständiger zu werden

23.07.-22.08.

			7		

| 1 | 2 | 3 | 4 | 5 | 6 |

| | | | 8 | | |

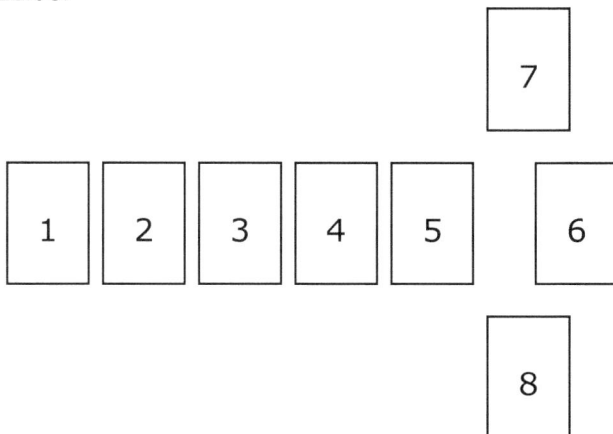

Die Bedeutung der Plätze:
1) Das traue ich mir zu
2) Bei diesem Thema überschätze ich mein Können
3) Mit diesem Thema kann ich besser umgehen, als ich glaube
4) So sieht die Sache wirklich aus
5) Das sagt die Umwelt dazu
6) Das ist ein echter Gewinn für mich
7) Mit diesem Erfolg kann ich tatsächlich rechnen
8) Das wird sich langfristig daraus entwickeln

Bei Benutzung der Tarotkarten anschließend die Quintessenz ziehen (siehe S. 4).

Zusatzdeutung bei 36-er Kartendecks wie Kipper, Lenormand oder Zigeuner-Wahrsagekarten:
1-2-3-4-5 = Welchen Weg ich gehen kann
6-7-8 = Mein Erfolg

23.08.-22.09.

2	3

1	4

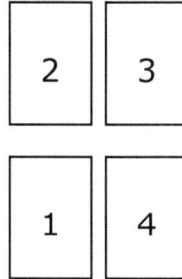

Die Bedeutung der Plätze:
1) Das ist das Thema
2) Hier reagiere ich zu empfindlich
3) Hier soll ich dagegen kritischer sein
4) Das bringt mir den größten Nutzen

Bei Benutzung der Tarotkarten anschließend die Quintessenz ziehen (siehe S. 4).

Zusatzdeutung bei 36-er Kartendecks wie Kipper, Lenormand oder Zigeuner-Wahrsagekarten:
1-2 = Meine Empfindlichkeit
3-4 = Bei diesem Thema lohnt es sich, kritischer zu werden
2-4 = Empfohlener Umgang mit der eigenen Empfindlichkeit
1-3 = Diese Verhaltensweise blockiert mich
2-3 = Was Ausgleich schafft
1-4 = Was mich weiterbringt

23.09.-22.10.

```
        ┌─────┐
        │  5  │
        └─────┘
   ┌─────┐ ┌─────┐
   │  3  │ │  4  │
   └─────┘ └─────┘
   ┌─────┐ ┌─────┐
   │  1  │ │  2  │
   └─────┘ └─────┘
```

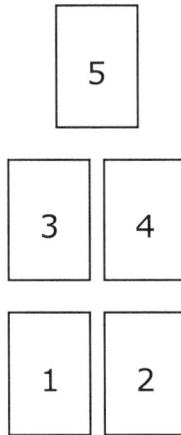

Die Bedeutung der Plätze:
1) Mein Thema in Beziehungen (Partnerschaft oder Freundschaft)
2) Das will ich
3) Das bekomme ich
4) Dieser Kompromiss ist für mich tragbar
5) Darauf soll ich in Zukunft mehr achten

Bei Benutzung der Tarotkarten anschließend die Quintessenz ziehen (siehe S. 4).

Zusatzdeutung bei 36-er Kartendecks wie Kipper, Lenormand oder Zigeuner-Wahrsagekarten: Keine weiterführende Deutung!

Skorpionkraft
23.10.-21.11.

| 1 | 2 | 3 | 4 |

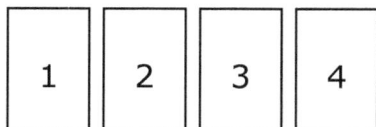

Die Bedeutung der Plätze:
1) Das ist / geht zu Ende
2) Das gibt mir Kraft für Veränderung
3) Diese Durststrecke muss ich noch überwinden
4) Dies wird dann neu geboren

Bei Benutzung der Tarotkarten anschließend die Quintessenz ziehen (siehe S. 4).

Zusatzdeutung bei 36-er Kartendecks wie Kipper, Lenormand oder Zigeuner-Wahrsagekarten: Alle Karten von links nach rechts im Zusammenhang lesen.

22.11.-21.12.

```
        ┌───┐ ┌───┐ ┌───┐
        │ 4 │ │ 5 │ │ 6 │
        └───┘ └───┘ └───┘
      ┌───┐ ┌───┐ ┌───┐
      │ 2 │ │ 1 │ │ 3 │
      └───┘ └───┘ └───┘
```

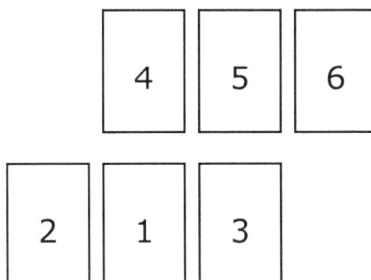

Die Bedeutung der Plätze:

1) Mein Thema
2) Das ist meine Meinung dazu, meine Überzeugung
3) Das ist der tiefere Sinn meiner Erfahrung
4) Hier soll ich nicht übertreiben
5) Hier soll ich optimistischer sein
6) Wenn ich dieses Ziel verfolge, bringt mir das Glück

Bei Benutzung der Tarotkarten anschließend die Quintessenz ziehen (siehe S. 4).

Zusatzdeutung bei 36-er Kartendecks wie Kipper, Lenormand oder Zigeuner-Wahrsagekarten:

2-1-3 = Die Gegenwart

1-4 = Eine Warnung für mich

1-5 = Eine Hoffnung für mich

4-5-6 = Eine Erfolg versprechende Richtung

22.12.-20.01.

```
        ┌─────┐
        │  3  │
        └─────┘
┌─────┐ ┌─────┐ ┌─────┐
│  1  │ │  4  │ │  5  │
└─────┘ └─────┘ └─────┘
        ┌─────┐
        │  2  │
        └─────┘
```

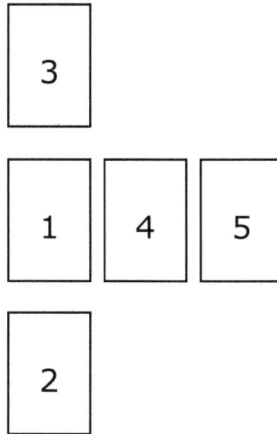

Die Bedeutung der Plätze:
1) Das ist das Thema
2) Das entspricht nicht den Tatsachen
3) Das ist die Realität
4) Das muss ich mir noch erarbeiten
5) Dieses Ereignis wird mit Sicherheit eintreten

Bei Benutzung der Tarotkarten anschließend die Quintessenz ziehen (siehe S. 4).

Zusatzdeutung bei 36-er Kartendecks wie Kipper, Lenormand oder Zigeuner-Wahrsagekarten:
2-1-3 = So sieht es im Augenblick aus
1-4-5 = Die nächsten Schritte

21.01.-19.02.

```
        ┌─────┐
        │  5  │
        └─────┘
┌────┐┌────┐┌────┐┌────┐
│ 1  ││ 2  ││ 3  ││ 4  │
└────┘└────┘└────┘└────┘
```

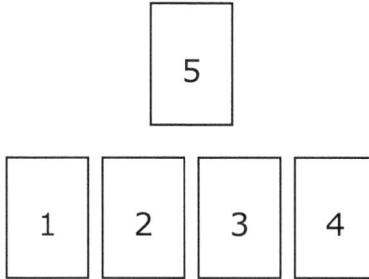

Die Bedeutung der Plätze:
1) Darum geht es
2) Diese Entwicklung ist voraus zu sehen
3) Das kommt jedoch unerwartet
4) Das bringt die Zukunft
5) Das ist mein Joker (mein Ass im Ärmel)

Bei Benutzung der Tarotkarten anschließend die Quintessenz ziehen (siehe S. 4).

Zusatzdeutung bei 36-er Kartendecks wie Kipper, Lenormand oder Zigeuner-Wahrsagekarten:
1-2-3-4 = Die Entwicklung des Themas
1-4-5 = Ein überraschender Einfluss auf die zukünftige Entwicklung

Fischekraft
20.02.-20.03.

```
          ┌─────┐
          │  6  │
          └─────┘
┌─────┐┌─────┐┌─────┐┌─────┐
│  1  ││  2  ││  3  ││  4  │
└─────┘└─────┘└─────┘└─────┘
          ┌─────┐
          │  5  │
          └─────┘
```

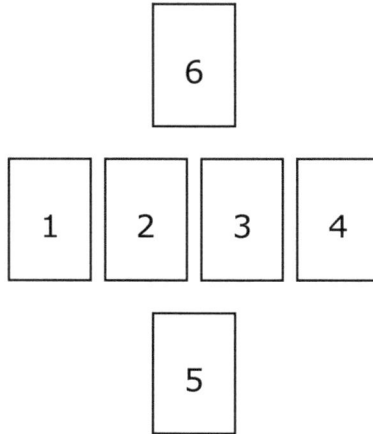

Die Bedeutung der Plätze:
1) Das ist das Thema
2) Das sagt meine Intuition
3) Das ist nicht so, wie es scheint
4) Das soll ich geschehen lassen, ich soll nicht eingreifen
5) Darauf kann ich vertrauen
6) Diese spirituelle Hilfe bekomme ich aus der geistigen Welt

Bei Benutzung der Tarotkarten anschließend die Quintessenz ziehen (siehe S. 4).

Zusatzdeutung bei 36-er Kartendecks wie Kipper, Lenormand oder Zigeuner-Wahrsagekarten:
1-2-3-4 = Was sich entwickelt
5-6 = Was mich unterstützt

Jahreswechsel und Geburtstag

Legesysteme zur Vorausschau auf das neue Lebensjahr

Das Neue
Als du laufen gelernt hast, war die Welt
voll von spannenden Abenteuern.
Das ist sie auch jetzt noch!

Das Haus des neuen Jahres
Ein Legesystem, das mit Bildersprache arbeitet.

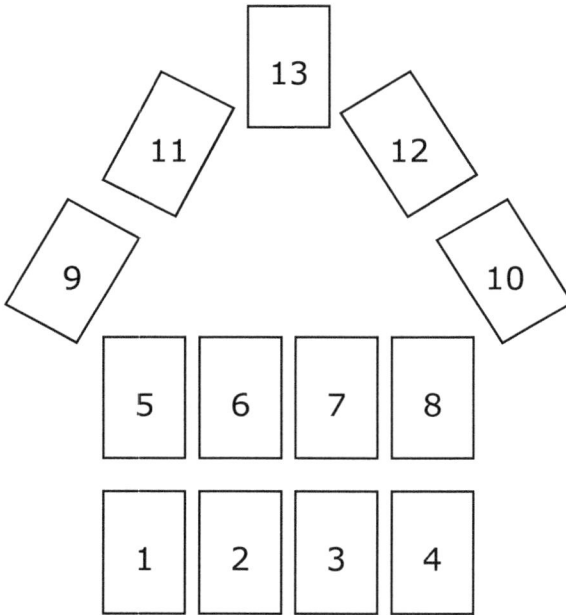

```
                    ┌──────┐
                    │  13  │
        ┌──────┐    └──────┘    ┌──────┐
        │  11  │                │  12  │
        └──────┘                └──────┘
    ┌──────┐                        ┌──────┐
    │  9   │                        │  10  │
    └──────┘                        └──────┘

      ┌────┐┌────┐┌────┐┌────┐
      │ 5  ││ 6  ││ 7  ││ 8  │
      └────┘└────┘└────┘└────┘

      ┌────┐┌────┐┌────┐┌────┐
      │ 1  ││ 2  ││ 3  ││ 4  │
      └────┘└────┘└────┘└────┘
```

Die Bedeutung der einzelnen Plätze:

1) Du stehst vor dem Eingang: Das bringst du aus dem alten Jahr mit

2) In der Diele legst du den Mantel ab: Das lässt du hinter dir

3) Im Badezimmer wäschst du dir die Hände: Das sollst du tun

4) In der Küche duftet es nach deinem Essen: Das wirst du bekommen

5) Im Esszimmer findest du neben deinem Gedeck ein Geschenk: Diese Freude wird dir gegönnt

6) Die Tür zur Bibliothek ist offen. Du gehst hinein und greifst dir ein Buch: Das lernst du

7) Die Kellertreppe knarrt. Es erschreckt dich: Diese Angst musst du überwinden

8) Du gehst die Kellertreppe hinunter und machst eine überraschende Entdeckung: Das kommt besser als erwartet

9) Du gehst zurück nach oben. Im Wohnzimmer hörst du Musik: Das tut dir gut

10) Du steigst ins obere Stockwerk: Das bringt dir Erfolg

11) Durch das Fenster des Dachbodens siehst du den Himmel: Das unterstützt dich

12) Du gehst zurück und schaust ins Schlafzimmer. Dort findest du ein Betthupferl auf dem Kopfkissen: Das ist deine Überraschung

13) Dein Blick fällt in den Garten. Es blüht und fruchtet dort: Das ist dein Ergebnis

Bei Benutzung der Tarotkarten anschließend die Quintessenz ziehen (siehe S. 4).

Zusatzdeutung bei 36-er Kartendecks wie Kipper, Lenormand oder Zigeuner-Wahrsagekarten:
1-2-3-4 = Das Thema des neuen Jahres
5-6-7-8 = Wie es sich entwickelt
9-11-13 = Was gut laufen wird
10-12-13 = Deine Fortschritte im neuen Jahr

Neuanfang

Ein Legesystem, das auch vor wichtigen, neuen Schritten und in Umbruch-Situationen gelegt werden kann.

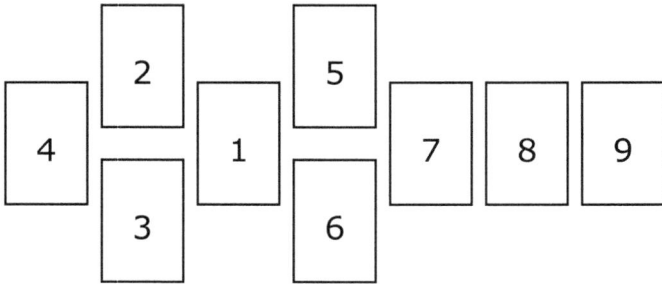

```
        ┌───┐       ┌───┐
        │ 2 │       │ 5 │
┌───┐   └───┘ ┌───┐ └───┘ ┌───┐ ┌───┐ ┌───┐
│ 4 │         │ 1 │       │ 7 │ │ 8 │ │ 9 │
└───┘   ┌───┐ └───┘ ┌───┐ └───┘ └───┘ └───┘
        │ 3 │       │ 6 │
        └───┘       └───┘
```

Die Bedeutung der Plätze:
1) Das ist der Rückblick auf das vergangene Jahr
2) Das kann ich jetzt loslassen, es ist vorbei
3) Das nehme ich als Stärkung aus dem vergangenen Jahr mit
4) An diesem Entwicklungspunkt stehe ich jetzt
5) Das kommt im neuen Jahr auf mich zu
6) Diese Unterstützung bekomme ich für mein neues Jahr
7) Diese Schwierigkeit kann ich überwinden
8) Diese Chance kann ich im neuen Jahr ergreifen
9) Dieses Ergebnis kann ich erzielen

Bei Benutzung der Tarotkarten anschließend die Quintessenz ziehen (siehe S. 4).

Zusatzdeutung bei 36-er Kartendecks wie Kipper, Lenormand oder Zigeuner-Wahrsagekarten:
2-4-3 = Die Essenz des alten Jahres
5-7-6 = Thema des neuen Jahres
4-1-7-8-9 = Der Verlauf des neuen Jahres

Ein Legesystem, das mit entsprechenden Fragestellungen auch für alle anderen Gelegenheiten geeignet ist, bei denen die Entwicklung eines Themas im Vordergrund steht.

3	4	5	9
1	6	7	8

Die Bedeutung der Plätze:

2

1) Das kommt auf dich zu
2) Das ist die Ursache
3) So entwickelt sich das Ganze
4) Das kann dir Schwierigkeiten bereiten
5) Diese Unterstützung hast du
6) Überraschende Ereignisse
7) So nimmt die Umwelt Einfluss
8) Das ist dein Ergebnis
9) Diese Wirkung hat das Ganze auf dich

Bei Benutzung der Tarotkarten anschließend die Quintessenz ziehen (siehe S. 4).

Zusatzdeutung bei 36-er Kartendecks wie Kipper, Lenormand oder Zigeuner-Wahrsagekarten:

2-1-3 = Was sich entwickelt

4-6 = Die Lösungsmöglichkeit für auftretende Schwierigkeiten

1-6-7-8 = Was erreicht werden kann

3-4-5-9 = Was gelernt werden kann

Das vierblättrige Kleeblatt

Ein Legesystem zum Jahreswechsel, das keine Frage braucht.

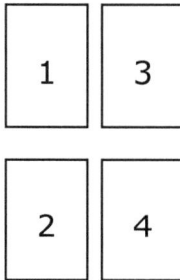

```
┌─────┐ ┌─────┐
│     │ │     │
│  1  │ │  3  │
│     │ │     │
└─────┘ └─────┘
┌─────┐ ┌─────┐
│     │ │     │
│  2  │ │  4  │
│     │ │     │
└─────┘ └─────┘
```

Die Bedeutung der Plätze:

1) Das Thema des neuen Jahres
2) Diese Mühe lohnt sich
3) Das wird mir geschenkt
4) Dieses Glück ist ein Höhepunkt

Bei Benutzung der Tarotkarten anschließend die Quintessenz ziehen (siehe S. 4).

Zusatzdeutung bei 36-er Kartendecks wie Kipper, Lenormand oder Zigeuner-Wahrsagekarten:
1-2 = Die Aufgabe des Jahres
3-4 = Die Freude des Jahres

Legungen zu den Jahreskreisfesten

> **Die Vision**
> *Wir sind, was wir uns vorstellen können zu sein.*

Imbolc

Gültig vom 31.1. – 20.03. (Imbolc bis Ostara). Thema: Reinigung und Vorbereitung für die kreativen Kräfte des Wachstums.

7	8	9
4	5	6
1	2	3

Die Bedeutung der einzelnen Plätze:

1) Diese Grundlage habe ich. Darauf kann ich jetzt aufbauen.
2) Das ist die Quintessenz der letzten Zeit
3) Das ist das zentrale Thema dessen, was auf mich zukommt
4) Das kann ich jetzt im Äußeren bereinigen, klären
5) Das kann ich jetzt psychisch in mir klären und bereinigen
6) Welche kreativen Kräfte mir dabei hilfreich zur Seite stehen
7) Was ich demnächst lernen kann
8) Das soll jetzt entwickelt und entfaltet werden
9) Welche überraschende Kraft ich in mir finden kann

Bei Benutzung der Tarotkarten anschließend die Quintessenz ziehen (siehe S. 4).

Zusatzdeutung bei 36-er Kartendecks wie Kipper, Lenormand oder Zigeuner-Wahrsagekarten:
1-2-3 = Das Thema der nächsten Zeit
4-5-6 = Was mir hilft
7-9-8 = Überraschende Chancen

Gültig vom 20.03. – 30.04. (Ostara bis Beltane). Thema: Erwachen der lebensspendenden Kräfte. Gleichgewicht zwischen Licht und Dunkelheit, Tag- und Nachtgleiche.

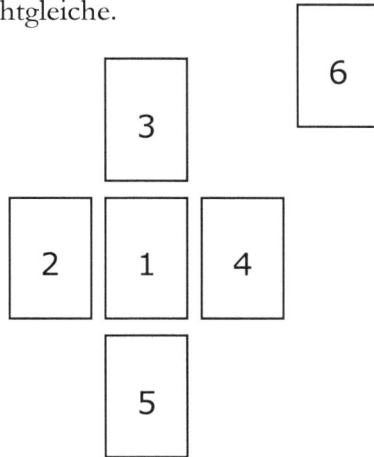

```
                                    ┌─────┐
                                    │     │
                      ┌─────┐       │  6  │
                      │     │       │     │
                      │  3  │       └─────┘
                      │     │
                      └─────┘
        ┌─────┐   ┌─────┐   ┌─────┐
        │     │   │     │   │     │
        │  2  │   │  1  │   │  4  │
        │     │   │     │   │     │
        └─────┘   └─────┘   └─────┘
                      ┌─────┐
                      │     │
                      │  5  │
                      │     │
                      └─────┘
```

Die Bedeutung der Plätze:
1) Meine Situation
2) Winter - Das war das Thema in letzter Zeit
3) Erwachen - Das will jetzt leben
4) Lebensspender - Das hilft mir dabei
5) Zugvögel - Worauf muß ich achten
6) Ausgleich – damit kann ich Balance halten

Bei Benutzung der Tarotkarten anschließend die Quintessenz ziehen (siehe S. 4).

Zusatzdeutung bei 36-er Kartendecks wie Kipper, Lenormand oder Zigeuner-Wahrsagekarten:
2-1-4 = Beginn des Themas
5-1-3 = Zukunft und Ziel
5-4-6 = Handlungsempfehlung
3-6 = Worauf das Augenmerk zu richten ist
3-4-6 = Eine Option, die mir offen steht

Legesystem zu Beltane

Gültig vom 30.04. – 21.06. (Beltane bis Litha). Thema: Sieg des Lichts. Verbindung des Männlichen und des Weiblichen, um Neues zu schaffen.

6	2	8	10
4	1	5	
9	3	7	

Die Bedeutung der Plätze:

1) An dem Punkt stehe ich
2) Das ist abgeschlossen
3) Das beginnt jetzt, will sich entfalten
4) Diese Energie schützt mich
5) Das geht mit mir auf meinem Weg
6) Das will integriert zu werden
7) Das soll ich mir nehmen
8) Die Ekstase – das soll ich voll ausleben
9) Das entsteht um neue Lebensenergie zu bringen
10) Meine Magie und Heilkraft

Bei Benutzung der Tarotkarten anschließend die Quintessenz ziehen (siehe S. 4).

Zusatzdeutung bei 36-er Kartendecks wie Kipper, Lenormand oder Zigeuner-Wahrsagekarten:

4-1-5 = Gegenwart
2-1-3 = Was jetzt beginnt
6-1-7 = Die weitere Entwicklung
8-1-9 = Zukunft

Legesystem zu Litha

Gültig vom 21.06. – 31.07. (Litha bis Lammas) Thema: Aus dem Vollen schöpfen und gleichzeitig Wendepunkt und Umschwung. Längster Tag und kürzeste Nacht.

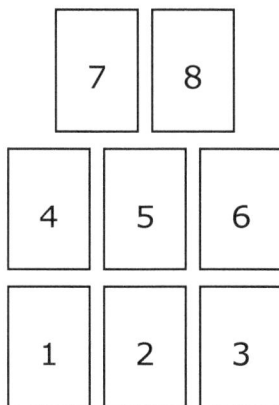

```
        ┌───┐ ┌───┐
        │ 7 │ │ 8 │
        └───┘ └───┘
    ┌───┐ ┌───┐ ┌───┐
    │ 4 │ │ 5 │ │ 6 │
    └───┘ └───┘ └───┘
    ┌───┐ ┌───┐ ┌───┐
    │ 1 │ │ 2 │ │ 3 │
    └───┘ └───┘ └───┘
```

Die Bedeutung der Plätze:
1) An dem Punkt stehe ich
2) Dieses kann ich jetzt loslassen
3) Das ist bereits in Bewegung
4) Diese Energie reinigt mich von Negativem
5) Das bringt mir Kraft und Stärke
6) Das entwickelt für mich die größten Heilkräfte
7) Das werde ich ernten
8) Das kann ich jetzt integrieren, um ganzheitlicher zu werden

Bei Benutzung der Tarotkarten anschließend die Quintessenz ziehen (siehe S. 4).

Zusatzdeutung bei 36-er Kartendecks wie Kipper, Lenormand oder Zigeuner-Wahrsagekarten:
1-2-3 = In welche Richtung die Entwicklung geht
4-5-6 = Innere und / oder äußere Resonanz auf die Entwicklung
1-4-7 = Sichtbares Ergebnis
3-6-8 = Seelisches Wachstum, das durch das Ergebnis angeregt wird, der Lerneffekt
7-5-8 = Zukunft

Legesystem zu Lammas

Gültig vom 31.07. – 20.09. (Lammas bis Mabon). Thema: Zeit des Übergangs, Altes vergeht, damit Neues entsteht. Wachstum und Vergänglichkeit als immerwährender Kreislauf.

7	8	9
4	5	6
1	2	3

Die Bedeutung der Plätze:

1) Das ist mein Thema
2) Das ist gewachsen, steht bereit
3) Dafür ist jetzt nicht die richtige Zeit, es soll zurückgestellt werden
4) Das muß ich jetzt anpacken
5) Das schützt und unterstützt mich
6) Das bringt mich ins seelische Gleichgewicht
7) Das soll mir jetzt bewusst werden
8) Das ist mein Dankeschön, das, was ich jetzt geben kann
9) Dieses Ergebnis ist mir sicher

Bei Benutzung der Tarotkarten anschließend die Quintessenz ziehen (siehe S. 4).

Zusatzdeutung bei 36-er Kartendecks wie Kipper, Lenormand oder Zigeuner-Wahrsagekarten:

1-2-3 = Die Gegenwart
4-5-6 = Was ich noch tun muss
7-8-9 = Was ich bekomme

Legesystem zu Mabon

Gültig vom 20.09. – 31.10. (Mabon bis Samhain). Thema: Erntedank, Wechsel Tag- und Nachtgleiche. von Außen nach Innen, von nun an siegt die Nacht.

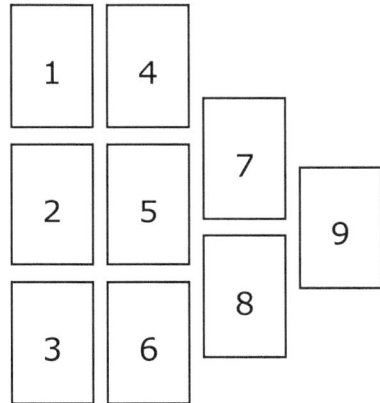

```
┌───┐ ┌───┐
│ 1 │ │ 4 │       ┌───┐
└───┘ └───┘       │ 7 │  ┌───┐
┌───┐ ┌───┐       └───┘  │ 9 │
│ 2 │ │ 5 │       ┌───┐  └───┘
└───┘ └───┘       │ 8 │
┌───┐ ┌───┐       └───┘
│ 3 │ │ 6 │
└───┘ └───┘
```

Die Bedeutung der Plätze:

1) Das ist mein Thema
2) Das ist die Essenz der vergangenen Zeit
3) Das kann ich jetzt (mit)nehmen
4) Das ist gut gelaufen, dafür kann ich danke sagen
5) Das ist jetzt beendet, es ist Zeit sich davon zu verabschieden
6) Das bringt mich jetzt innerlich ins Gleichgewicht
7) Damit soll ich mich auseinander setzen
8) Das ist mein Schutz für die kommende Zeit

Dieses Ergebnis kann ich erreichen

Bei Benutzung der Tarotkarten anschließend die Quintessenz ziehen (siehe S. 4).

Zusatzdeutung bei 36-er Kartendecks wie Kipper, Lenormand oder Zigeuner-Wahrsagekarten:

1-2-3 = Gegenwart
4-5-6 = Handlungsvorschlag
4-7-9 = Zukunft
6-8-9 = tiefere, innere Erfahrung

Legesystem zu Samhain

Gültig vom 31.10. – 21.12. (Samhain bis Julfest). Thema: Loslassen, Transformation. Tod und Vergehen, Gedenken der Ahnen. Die Nacht, in der die Welten sich berühren.

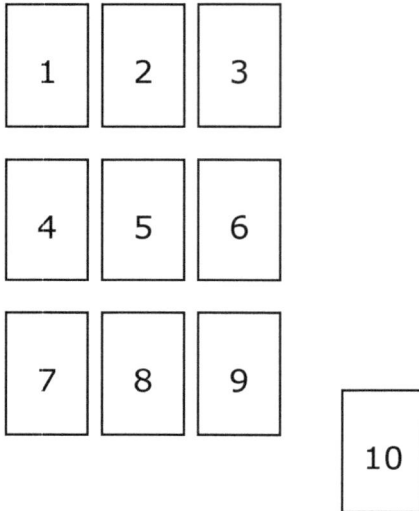

```
┌───┐ ┌───┐ ┌───┐
│ 1 │ │ 2 │ │ 3 │
└───┘ └───┘ └───┘

┌───┐ ┌───┐ ┌───┐
│ 4 │ │ 5 │ │ 6 │
└───┘ └───┘ └───┘

┌───┐ ┌───┐ ┌───┐
│ 7 │ │ 8 │ │ 9 │
└───┘ └───┘ └───┘
                    ┌────┐
                    │ 10 │
                    └────┘
```

Die Bedeutung der Plätze:

1) So ist meine derzeitige Lage
2) Das war in der Vergangenheit
3) Das soll ich jetzt ruhen lassen und keine neue Energie mehr hinein geben
4) Das soll ich von mir fernhalten, weil es schädlich wäre
5) Das wird mir in der nächsten Zeit weiterhelfen, es ist zu meinem Vorteil
6) Hier hebt sich der Schleier, das werde ich bald erkennen
7) Diese ererbte Kraft meiner Ahnen schützt mich in nächster Zeit
8) Darauf soll mich vorbereiten, das ist mein Überraschungs-Thema
9) Das kommt auf mich zu, will jetzt zu mir
10) Das ist mein Ausblick in die Zukunft

Bei Benutzung der Tarotkarten anschließend die Quintessenz ziehen (siehe S. 4).

Zusatzdeutung bei 36-er Kartendecks wie Kipper, Lenormand oder Zigeuner-Wahrsagekarten:
1-2-3 = Das soll ich jetzt loslassen, weil ich da nicht weiter komme
4-5-6 = Das wird sich klären
7-8-9 = Das kommt auf mich zu
1-4-7 = Das soll ich lernen
2-5-8 = Darauf soll ich mich einstellen, es kommt überraschend
3-6-9 = Das entwickelt sich von alleine, ich brauche nichts dazu tun
1-5-9-10 = Das kann ich erreichen

Legesystem zum Julfest

Gültig für das neue Jahr und vom 21.12. – 31.01. (Julfest bis Imbolc).
Thema: Erfahrung des Lebenskreislaufs von Werden – Vergehen-
Werden. Hoffnung auf Licht. Zeit des Ausruhens und achtsame
Erwartung des Neuen.

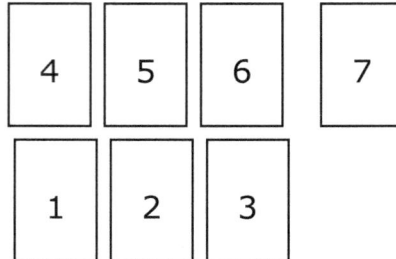

```
┌─────┐ ┌─────┐ ┌─────┐   ┌─────┐
│  4  │ │  5  │ │  6  │   │  7  │
└─────┘ └─────┘ └─────┘   └─────┘
┌─────┐ ┌─────┐ ┌─────┐
│  1  │ │  2  │ │  3  │
└─────┘ └─────┘ └─────┘
```

Die Bedeutung der Plätze:

1) Meine Gedanken zur derzeitigen Situation
2) Was ich in diesem Jahr gelebt und gelernt habe
3) Was in diesem Jahr endgültig abgeschlossen wurde
4) Was ich vom alten Jahr ins neue Jahr mitnehme
5) Mein Thema für das neue Jahr
6) das Licht: Was mir in nächster Zeit in Bezug auf das neue Thema bewusster werden kann
7) Das Geschenk: Dies wird mir im neuen Jahr in Bezug auf das neue Thema Frieden und Glück bringen

Bei Benutzung der Tarotkarten anschließend die Quintessenz ziehen (siehe S. 4).

Zusatzdeutung bei 36-er Kartendecks wie Kipper, Lenormand oder Zigeuner-Wahrsagekarten:

1-2-3 = Erinnerung an das Vergangene
4-5-6-7 = Der Ausblick auf das Neue
1+2 = Gegenwart
3+4 = Abgeschlossenes Jahr
5+6+7 = das neue Jahr

Danke,

möchte ich meinen Schülern sagen, deren Fragen mir immer wieder Anregungen zur Entwicklung dieser Legesysteme gegeben haben.

Über die Autorin

Angela Mackert, geboren 1952 in Karlsruhe, war viele Jahre lang im spirituellen Bereich lehrend und beratend tätig. In eigener Schule unterrichtete sie im Kartenlegen mit Tarot, Lenormandkarten, Kipperkarten und Zigeuner-Wahrsagekarten, darüber hinaus auch Astrologie und Numerologie.

Neben Büchern zu ihren spirituellen Fachgebieten schreibt Angela Mackert auch gern Fantasy-Romane und Krimis.

Informationen über die Schule und die wichtigsten Bücher der Autorin: www. astrologie-kunststudio.de

Informationen über alle Bücher und Neuerscheinungen der Autorin: www.angela-mackert.de

Angela Mackert
Zigeuner Wahrsagekarten
Grundkurs im Kartenlegen

148 Seiten, Paperback
Alle Kartenabbildungen in Farbe
ISBN: 978-3-7448-2135-3

Die Zigeuner-Wahrsagekarten gehören zu den beliebtesten Orakelkarten. Die 36 Kartenmotive zeigen in klarer Bildsprache konkrete Lebenssituationen auf.
Jede Karte wird einzeln vorgestellt und alle wichtigen Deutungshinweise sind übersichtlich aufgelistet. Anhand von verschiedenen Legesystemen bis hin zum großen Kartenbild lernen sie die Karten und ihre Kombinationen zu deuten und erhalten so klare Hinweise zu allen Lebenssituationen.

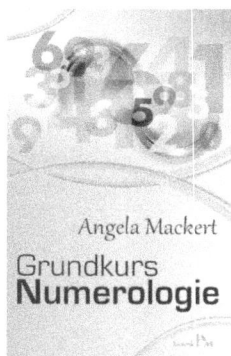

Angela Mackert

Grundkurs
Numerologie
172 Seiten, Paperback
ISBN 978-3-7412-6163-3

Die Numerologie ist eine uralte Methode, mit der jeder sein Leben besser verstehen kann. Die aus dem Namen und Geburtstag eines Menschen errechneten Zahlen geben Aufschluss über den persönlichen Lebensweg mit seinen Chancen und Herausforderungen. Mit diesem Buch lernen Sie die Berechnung und Deutung eines individuellen Numeroskops. Grundzahlen sowie Meisterzahlen werden ausführlich vorgestellt. Im Praxis-Teil haben Sie Gelegenheit für eigene Übungen. Tabellen mit Stichworten zu allen Zahlenkombinationen bis 99/9 runden dieses Lehrbuch ab.

Angela Mackert
Neuzeitliches
Losbuch
Wahrsagespiel nach
mittelalterlichem Vorbild
104 Seiten,
Paperback
ISBN
978-3-7412-6321-7

Lightning Source UK Ltd.
Milton Keynes UK
UKHW010911080223
416610UK00014B/1498